Einen guten alten Namen

hat die böhmische Küche – und den verdankt sie nicht nur dem Prager Schinken oder dem Pilsner Bier. Gänsebraten, Karpfen und Steinpilze gehören ebenso zu den kulinarischen Spezialitäten der Region. Und wem läuft nicht angesichts der unübertrefflichen Mehlspeisen das Wasser im Mund zusammen? Machen Sie sich den Erfahrungsschatz der berühmten böhmischen Köchinnen zu eigen und probieren Sie eine der schmackhaftesten Küchen der Welt aus.

Die Farbfotos gestalteten Odette Teubner und Dorothee Gödert.

INHALT

Prag zählt zu den schönsten Städten Europas. Seine große kulturelle Bedeutung hat sich auch auf den Speisezetteln niedergeschlagen: einige der berühmtesten böhmischen Spezialitäten stammen aus dieser Stadt.

Die böhmische Küche verfügt über eine lange Tradition. So sind in einem Dokument des Jahres 1516 bereits 18 typische böhmische Gerichte benannt. Ihren guten Ruf verdankt diese Küche vor allem aber den böhmischen Köchinnen. Diese Frauen leisteten nicht nur in den Gasthäusern der Donaumonarchie Hervorragendes, sondern auch in den herrschaftlichen Haushalten.

Die Mahlzeiten im Tagesablauf

Der böhmische Tag beginnt mit einer Tasse Kaffee, zu der Gebäck mit Butter und Marmelade verzehrt wird. Im Laufe des Vormittags folgt, wenn die Umstände es erlauben, ein zweites Frühstück, das bereits etwas üppiger ausfällt. Jetzt ist die Zeit für die berühmten Würstchen, die »klobasa« mit viel Knoblauch und Paprika oder die leichteren »parky« (Pärchen), die ihren Namen der Tatsache verdanken, daß sie immer zu zweit auftreten. Das Mittagessen wird im allgemeinen mit einer Suppe eingeleitet, wobei die »echten« Suppen von den »falschen« zu unterscheiden sind. Die »echten« werden mit Fleischbrühe zubereitet, die »falschen«, ebenso delikat, aus Gemüse gekocht. Je nachdem, wie gewichtig der Hauptgang ist, wird die eine oder die andere Art bevorzugt. Das Hauptgericht besteht aus Fleisch, Fisch oder Geflügel mit Beilagen. Auf die Saucen wird immer sehr viel Sorgfalt verwendet, vielleicht weil sie zusammen mit Knödeln besonders gut schmecken. Ohne eine Mehlspeise ist eine richtige böhmische Mahlzeit fast nicht denkbar. Wenn sie nicht in Verbindung mit einer kräftigen Suppe bereits als Hauptgang serviert wurde, erscheint sie ganz sicher als Nachspeise: in Form von süßen Knödeln oder in Fett ausgebackenen kleinen Köstlichkeiten, die mit zerlassener Butter, Mohn oder Früchten serviert werden. Zum Abschluß gibt es eine Tasse schwarzen Kaffee nach türkischer Art, mit dem Kaffeesatz am Boden der Tasse.
Nach einem so opulenten Mahl verliert das Kaffeetrinken am Nachmittag zwangsläufig an Bedeutung. Trotzdem gibt

es wunderbare böhmische Kuchenrezepte, in denen sich der Reichtum der Region an Pflaumen, Mohn und Nüssen widerspiegelt.
Wer mittags seinen Magen noch nicht verwöhnt hat, wird das am Abend nachholen. Ein böhmisches Abendessen steht der Mittagsmahlzeit in nichts nach, zum Teil fällt es sogar noch reichlicher aus, weil es ja bis in die Nacht ausgedehnt werden kann.

Weltberühmt: der Prager Schinken

Etwa 2,5 Kilogramm schwer, rosa und mit einem zarten weißen Speckrand versehen, ist der Prager Schinken die böhmische Delikatesse, die größte Berühmtheit erlangt hat und weit über die tschechischen Grenzen hinaus begehrt ist. Damit das Fleisch seinen unverwechselbaren milden Geschmack bekommt, wird es zuerst in Salzlake gepökelt und dann über Buchenholzglut geräuchert. Dünn aufgeschnitten und mit Meerrettichsahne serviert, ist Prager Schinken eine sehr beliebte Vorspeise. Aber auch in Brotteig gebacken oder in Portwein geschmort schmeckt er ganz vorzüglich.

Der Knödel und die Knödel

Fast zu jeder warmen Mahlzeit werden in irgendeiner Form Knödel serviert. Sie schwimmen in der Suppe, sie begleiten das Hauptgericht oder sie krönen die Mahlzeit als Nachspeise. Es gibt unzählige Rezepte, die nicht selten noch individuell abgeändert werden. Ein wesentlicher Unterschied ist bei diesem großen Angebot zu beachten: der zwischen dem Knödel und den Knödeln. Der Knödel ist einzig und allein der Serviettenknödel. Aus Brötchen oder Kartoffeln und Mehl zubereitet, wird er zu einer langen Rolle geformt, in eine feuchte, mit Butter bestrichene Serviette gegeben und im leicht siedenden Salzwasser gegart. Ein so zubereiteter Knödel darf nach böhmischer Tradition mit keinem Messer in Berührung kommen, weil darunter Aussehen und Geschmack leiden könnten. Statt dessen wird er mit einem straff gespannten Zwirnfaden sorgfältig in glatte Scheiben zerteilt.
Die Knödel sind klein, rund und von lockerer Konsistenz. Es gibt sie gefüllt und ungefüllt, pikant oder süß, aus verschiedenen Teigarten und ergänzt durch diverse Beilagen. Eines haben aber alle böhmischen Knödel gemeinsam: Sie sind unübertrefflich gut.

Die böhmische Krönungssalbe

Am Wenzelstag, dem 28. September, endet traditionellerweise die Pflaumenernte. Viele Hausfrauen kochen dann Powidl ein, ein dickes, eher herb schmeckendes Pflaumenmus. Die böhmische Königskrone verdankte ihren Namen »Wenzelskrone« dem Landespatron Wenzel, und der um den Wenzelstag zubereitete Powidl wurde daraufhin scherz-

Ein straff gespannter Faden ersetzt beim Aufschneiden des Serviettenknödels das Messer.

Treffpunkt für Einheimische und Touristen ist die Brauerei U Fleků, wo seit fast einem halben Jahrtausend Bier gebraut wird.

haft als »böhmische Krönungssalbe« bezeichnet. Powidl gibt es zu vielen Mehlspeisen, wird aber auch für Saucen und als Brotaufstrich verwendet. Es gibt ihn in kleinen grauen Steinguttöpfchen zu kaufen, Sie können ihn aber auch selbst zubereiten. Bei dem hier folgenden Rezept brennt das Mus bestimmt nicht an: Waschen Sie 4 Kilogramm Pflaumen und entsteinen Sie die Früchte. Vermischen Sie sie mit 1 Kilogramm Zucker und 1/8 l Essig und stellen Sie sie zugedeckt über Nacht kühl. Am nächsten Tag lassen Sie die Pflaumen in der Essig-Saft-Mischung bei schwacher Hitze etwa 6 Stunden köcheln, ohne dabei umzurühren.

Bier, Wein und Wasser

Bier ist das Nationalgetränk der Böhmen. Seinen Weltruhm verdankt es dem einzigartigen Hopfen, der in Nordböhmen, vor allem in der Gegend um Žatec (Saaz), angebaut wird. Besonders weiches Wasser und hochwertiges Braumalz aus mittelböhmischer Gerste tragen das Ihre zu der herausragenden Qualität bei. Das berühmteste Bier ist das Pilsner Urquell (Plzneňský prazdroj), das das Vorbild für alle untergärigen Biere wurde. Das mildere Budweiser (Budvar) wird seit 1531 in der südböhmischen Stadt Budweis (České Budějovice) gebraut. Eine kleinere, aber ausgesprochen treue Anhängerschaft hat das Staropramen, die »Alte Quelle«, das in der größten böhmischen Brauerei im Prager Stadtteil Smíchov hergestellt wird. Die älteste und bekannteste Brauerei Prags ist die U Fleků, wo seit 1499 Bier gebraut wird. Hier ist besonders das dunkle Malzbier mit seinem Geschmack nach rauchigem Karamel zu empfehlen.
Früher wuchsen auf allen Südhängen Prags Weinreben. Heute hat sich der Weinanbau ins Elbetal verlagert, auf die Lößterrassen von Melnik und nach Leitmeritz. Der bekannte Ludmilla-Wein erinnert an die

erste Schutzheilige Böhmens. Wer auf Alkohol verzichten möchte, kann auf die zahlreichen hervorragenden Mineralwasser zurückgreifen, die den Weltruhm von Kurbädern wie Karlsbad (Karlovy Vary), Marienbad (Mariánské Lázně) oder Franzensbad (Františkovy Lázně) mitbegründet haben.

Karlsbads dreizehnte Quelle

Wem die zwölf Heilquellen in Karlsbad nicht helfen, sollte es vielleicht mit der dreizehnten versuchen: dem weltberühmten Kräuterbitter Becherovka. Im Jahr 1807 erfand der Apotheker Jan Becher die Rezeptur, die bis heute wie ein Staatsgeheimnis gehütet wird. Der Schnaps erhielt im Laufe der Jahre viele Auszeichnungen und verkaufte sich so gut, daß auf der ganzen Welt Niederlassungen der Firma eingerichtet wurden.

Kulinarische Mitbringsel

Bei einem Besuch der Tschechischen Republik sollten Sie nicht versäumen, ein paar Spezialitäten der böhmischen Küche einzukaufen, mit denen Sie Ihre Freunde oder sich selbst verwöhnen können. Prager Schinken, böhmisches Bier, Karlsbader Kräuterbitter oder ein Töpfchen Powidl sind ideale Mitbringsel. Sehr lecker ist auch das ostböhmische Honiggebäck, vor allem der Pardubitzer Lebkuchen. Ebenso typisch wie delikat sind die Karlsbader Oblaten, die Sie einfach so essen oder zu einer Torte verarbeiten können. Gut eignet sich zum Verschenken auch der Lomnitzer Zwieback, zum einen weil er ausgezeichnet schmeckt, zum anderen weil er über längere Zeit haltbar ist.

Die eine oder andere böhmische Spezialität paßt bestimmt noch in den Koffer oder auf den Autorücksitz. Die hier abgebildeten Köstlichkeiten lassen sich problemlos transportieren.

Prager Erbsensuppe

Pražská hrášková polévka

Wenn es einmal schneller gehen soll, kann diese Suppe auch aus frischen oder aus tiefgekühlten Erbsen zubereitet werden.

Zutaten für 4 Personen:
250 g getrocknete grüne Erbsen
1 mittelgroße Zwiebel
1 mittelgroße Möhre
1 mittelgroße Petersilienwurzel
1 Teel. getrockneter Majoran
Salz
schwarzer Pfeffer, frisch gemahlen
1 Knoblauchzehe
30 g fetter Räucherspeck ohne Schwarte
1/8 l Milch
100 g Weißbrot
2 Eßl. Butter

Braucht etwas Zeit

Pro Portion etwa:
1800 kJ/430 kcal
19 g Eiweiß · 16 g Fett
52 g Kohlenhydrate

- Quellzeit: 12 Stunden
- Zubereitungszeit: etwa 2 Stunden

1. Die Erbsen in stehendem Wasser waschen, dabei die nach oben schwimmenden Früchte entfernen, sie sind verdorben. Die Erbsen in 1 1/2 l kaltes Wasser geben und etwa 12 Stunden quellen lassen.

2. Die Erbsen in dem Einweichwasser zum Kochen bringen.

3. Die Zwiebel schälen und in Scheiben schneiden. Die Möhre und die Petersilienwurzel waschen, schälen und in Würfel schneiden. Alle diese Zutaten zu den Erbsen geben. Die Suppe zugedeckt bei schwacher Hitze etwa 1 1/2 Stunden kochen lassen.

4. Die Erbsensuppe durch ein Sieb streichen. Die Suppe zurück in den Topf geben und mit dem Majoran, Salz und Pfeffer würzen. Die Knoblauchzehe schälen und durch die Presse dazudrücken. Den Speck fein würfeln und in einer Pfanne bei mittlerer Hitze glasig braten. Zusammen mit der Milch unterrühren.

5. Die Suppe noch einmal erhitzen. Das Weißbrot würfeln. Die Butter erhitzen. Die Brotwürfel darin rundherum goldbraun rösten und unmittelbar vor dem Servieren über die Suppe streuen.

Knoblauchsuppe

Česneková polévka

Zutaten für 4 Personen:
250 g mehligkochende Kartoffeln
Salz
1/2 Teel. Kümmel
schwarzer Pfeffer, frisch gemahlen
1 Teel. getrockneter Majoran
4 Knoblauchzehen
2 Eßl. Butter
1 Bund Petersilie

Preiswert

Pro Portion etwa:
490 kJ/120 kcal
1 g Eiweiß · 8 g Fett
9 g Kohlenhydrate

- Zubereitungszeit: etwa 30 Minuten

1. Die Kartoffeln schälen, waschen und in kleine Würfel schneiden. Die Kartoffelwürfel in 1 1/2 l Wasser mit Salz und dem Kümmel bei mittlerer Hitze in etwa 20 Minuten garen.

2. Die Suppe mit Pfeffer und dem Majoran würzen. Die Knoblauchzehen schälen und durch die Presse dazudrücken. Die Butter einrühren.

3. Die Petersilie waschen, trockenschwenken und ohne die groben Stiele fein hacken. Die Suppe mit der Petersilie bestreuen und servieren.

Im Bild oben: Prager Erbsensuppe
Im Bild unten: Knoblauchsuppe

Südböhmische Pilzsuppe

Jihočeská houbová polévka

Zutaten für 4 Personen:
300 g mehligkochende Kartoffeln
1 l Gemüsebrühe (Instant oder selbstgemacht)
200 g Steinpilze (ersatzweise Champignons)
2 Eigelb
125 g saure Sahne
Salz
weißer Pfeffer, frisch gemahlen
1 Bund Dill

Gelingt leicht

Pro Portion etwa:
410 kJ/98 kcal
4 g Eiweiß · 4 g Fett
11 g Kohlenhydrate

- Zubereitungszeit: etwa 45 Minuten

1. Die Kartoffeln schälen, waschen und in kleine Würfel schneiden. Die Kartoffelwürfel in der Gemüsebrühe bei mittlerer Hitze etwa 10 Minuten kochen lassen.

2. Die Pilze putzen, wenn nötig, waschen und in Scheiben schneiden. Zu den Kartoffeln geben und etwa 10 Minuten mitkochen lassen.

3. Den Topf von der Herdplatte nehmen. Die Eigelbe mit der sauren Sahne verquirlen und in die Suppe rühren. Die Suppe noch einmal erhitzen, aber nicht mehr kochen lassen.

4. Die Pilzsuppe mit Salz und Pfeffer abschmecken. Den Dill waschen, trockenschwenken und ohne die groben Stiele fein hacken. Vor dem Servieren über die Suppe streuen.

Sauerkrautsuppe

Zelná polévka

Zutaten für 4 Personen:
250 g Sauerkraut
40 g fetter Räucherspeck ohne Schwarte
1 mittelgroße Zwiebel
1 Knoblauchzehe
3 Eßl. Butter
1 1/2 l Fleischbrühe (Instant oder selbstgemacht)
1/2 Teel. Kümmel
1 Teel. edelsüßes Paprikapulver
Salz
125 g saure Sahne
100 g Bratwurst

Braucht etwas Zeit

Pro Portion etwa:
1100 kJ/260 kcal
5 g Eiweiß · 24 g Fett
5 g Kohlenhydrate

- Zubereitungszeit: etwa 1 Stunde

1. Das Sauerkraut kleinschneiden. Den Speck würfeln. Die Zwiebel und die Knoblauchzehe schälen und fein hacken.

2. 1 Eßlöffel Butter in einem großen Topf erhitzen. Den Speck darin bei schwacher Hitze auslassen. Die Zwiebel und den Knoblauch dazugeben und glasig braten.

3. Das Sauerkraut hinzufügen. Die Fleischbrühe angießen, mit dem Kümmel und dem Paprikapulver würzen und mit Salz abschmecken. Die Suppe zugedeckt bei schwacher Hitze etwa 40 Minuten köcheln lassen. Die saure Sahne einrühren.

4. Die Bratwurst in feine Scheiben schneiden. Die restliche Butter erhitzen, die Bratwurst darin rundherum goldbraun braten. Kurz vor dem Servieren in die Suppe geben. Dazu paßt Schwarzbrot.

Im Bild oben: Südböhmische Pilzsuppe
Im Bild unten: Sauerkrautsuppe

Altböhmische Biersuppe

Staročeská pivní polévka

Zutaten für 4 Personen:
1 l helles Bier
50 g Zucker
1 Prise Zimtpulver
2 Eigelb
125 g Sahne
100 g Weißbrot
2 Eßl. Butter

Schnell

Pro Portion etwa:
1300 kJ/310 kcal
3 g Eiweiß · 20 g Fett
32 g Kohlenhydrate

- Zubereitungszeit: etwa 20 Minuten

1. Das Bier in einen Topf geben, den Zucker und das Zimtpulver hinzufügen und alles erhitzen.

2. Den Topf von der Herdplatte nehmen. Die Eigelbe mit der Sahne verquirlen und unterrühren. Die Suppe noch einmal erhitzen, aber nicht mehr kochen lassen.

3. Das Weißbrot in kleine Würfel schneiden. Die Butter in einer Pfanne erhitzen. Die Brotwürfel darin rundherum goldbraun rösten. Über die Suppe streuen und sofort servieren.

Hirnsuppe

Mozečková polévka

Zutaten für 4 Personen:
200 g küchenfertiges Kalbshirn (beim Fleischer vorbestellen)
1 mittelgroße Zwiebel
3 Eßl. Butter
1 l Fleischbrühe (Instant oder selbstgemacht)
1 Bund Petersilie
100 g Weißbrot
2 Eigelb
125 g Sahne
Salz
weißer Pfeffer, frisch gemahlen
1 Prise Muskatnuß, frisch gerieben

Raffiniert

Pro Portion etwa:
1500 kJ/360 kcal
9 g Eiweiß · 29 g Fett
15 g Kohlenhydrate

- Zubereitungszeit: etwa 40 Minuten

1. Das Hirn unter fließendem kaltem Wasser abspülen, trockentupfen und kleinschneiden. Die Zwiebel schälen und fein hacken.

2. 1 Eßlöffel Butter in einem Topf erhitzen und die Zwiebel darin glasig braten. Das Hirn hinzufügen und unter Rühren etwa 3 Minuten bei mittlerer Hitze anbraten. Die Fleischbrühe dazugießen. Die Suppe bei schwacher Hitze etwa 10 Minuten köcheln lassen.

3. Die Petersilie waschen, trockenschwenken und ohne die groben Stiele fein hacken. Das Weißbrot in kleine Würfel schneiden. In einer Pfanne die restliche Butter erhitzen und die Brotwürfel darin rundherum goldbraun rösten.

4. Die Suppe von der Herdplatte nehmen. Die Eigelbe mit der Sahne verquirlen und unterrühren. Die Suppe mit Salz, Pfeffer und dem Muskat abschmecken.

5. Die Suppe nochmals erhitzen, aber nicht mehr kochen lassen. Mit der Petersilie und mit den Brotwürfeln bestreuen und sofort servieren.

Tip!

Anstelle von Hirn können Sie auch Kalbsbries verwenden. Hirn und Bries sollten wie alle Innereien am Tag des Einkaufs zubereitet werden, da sie leicht verderblich sind.

Im Bild oben: Altböhmische Biersuppe
Im Bild unten: Hirnsuppe

Prager Käseauflauf

Pražský sýrovy nákyp

Zutaten für 4 Personen:
4 Eier
80 g Butter
80 g Mehl
1/4 l Milch
Salz
weißer Pfeffer, frisch gemahlen
1 Prise Muskatnuß, frisch gerieben
200 g Emmentaler, frisch gerieben
Für die Form: Butter

Raffiniert

Pro Portion etwa:
2200 kJ/520 kcal
24 g Eiweiß · 40 g Fett
19 g Kohlenhydrate

- Zubereitungszeit: etwa 1 Stunde (davon 30 Minuten Backzeit)

1. Die Eier trennen, dabei die Eiweiße in einen hohen Rührtopf fließen lassen. Die Butter in einem weiten Topf erhitzen, das Mehl darüber stäuben und unter Rühren goldgelb anschwitzen. Nach und nach die Milch dazugießen, dabei weiterrühren, bis die Masse dick und schaumig ist.

2. Den Topf von der Herdplatte nehmen. Nacheinander die Eigelbe sorgfältig einrühren. Mit Salz, Pfeffer und dem Muskat würzen.

3. Eine hohe Auflaufform mit Butter ausstreichen. Den Backofen auf 200° vorheizen.

4. Den Käse in die Mehlschwitze rühren. Die Eiweiße mit 1 Prise Salz sehr steif schlagen und vorsichtig unter die Masse heben.

5. Den Topfinhalt in die Form füllen und im Backofen (Mitte, Gas Stufe 3) in etwa 30 Minuten goldgelb backen. Den Auflauf sofort servieren. Dazu paßt Blattsalat.

Rosenberger Fischsalat

Rožmberský rybí salát

Diese feine Vorspeise ist nach dem Rosenberger Teich, dem größten der rund 5000 böhmischen Fischteiche, benannt.

Zutaten für 4 Personen:
6 Eßl. Öl
400 g Karpfenfilet
2 mittelgroße Möhren
200 g Knollensellerie
Salz
1 mittelgroße Zwiebel
2 mittelgroße Gewürzgurken
2 Eßl. Essig
schwarzer Pfeffer, frisch gemahlen
100 g Salatmayonnaise

Schnell

Pro Portion etwa:
1600 kJ/380 kcal
20 g Eiweiß · 30 g Fett
6 g Kohlenhydrate

- Zubereitungszeit: etwa 30 Minuten
- Ruhezeit: 30 Minuten

1. In einer Pfanne 3 Eßlöffel Öl erhitzen. Die Karpfenfilets waschen und trockentupfen. In dem heißen Öl auf jeder Seite etwa 2 Minuten braten. Auskühlen lassen und in mundgerechte Stücke teilen.

2. Die Möhren und die Sellerieknolle schälen, waschen und in kleine Würfel schneiden. In einem Topf Wasser zum Kochen bringen und salzen. Die Möhren- und die Selleriewürfel darin etwa 1 Minute blanchieren. Danach mit sehr kaltem Wasser abschrecken und abtropfen lassen.

3. Die Zwiebel schälen und fein hacken. Die Gewürzgurken in kleine Würfel schneiden.

4. Für die Marinade den Essig mit dem restlichen Öl gründlich verrühren. Mit Salz und Pfeffer abschmecken.

5. Die Fisch- und die Gemüsewürfel in eine Schüssel geben. Die Marinade darüber gießen und alles gründlich vermischen. Die Salatmayonnaise unterrühren. Zugedeckt etwa 30 Minuten durchziehen lassen. Wer mag, bestreut den Salat mit Dill.

Bild oben: Prager Käseauflauf
Bild unten: Rosenberger Fischsalat

Karpfen schwarz

Kapr na černo

Lassen Sie den Karpfen vom Händler filetieren und nehmen Sie die Fischabfälle für die Brühe mit.

Zutaten für 4 Personen:
1 Karpfen (etwa 1,2 kg)
2 Eßl. Zitronensaft
50 g Rosinen
1 Bund Suppengrün
1 mittelgroße Zwiebel
300 ml Malzbier
1 Lorbeerblatt
1/2 Teel. schwarze Pfefferkörner
Salz
100 g Saucenlebkuchen
abgeriebene Schale von 1/2 unbehandelten Zitrone
50 g Mandelblättchen

Berühmtes Rezept

Pro Portion etwa:
1800 kJ/430 kcal
34 g Eiweiß · 14 g Fett
35 g Kohlenhydrate

- Zubereitungszeit: etwa 1 1/2 Stunden (davon 1 Stunde Garzeit)

1. Die Karpfenfilets in je 2 Portionsstücke schneiden, gründlich waschen, trockentupfen und mit dem Zitronensaft beträufeln. Die Rosinen in warmem Wasser einweichen.

2. Das Suppengrün putzen, waschen und grob würfeln. Die Zwiebel schälen und in Scheiben schneiden. Die Fischabfälle waschen.

3. In einem weiten Topf 300 ml Wasser mit den Fischabfällen, der Zwiebel, dem Suppengrün, dem Bier, dem Lorbeerblatt, den Pfefferkörnern und etwas Salz etwa 30 Minuten kochen lassen.

4. Die Karpfenfilets in den Sud geben und etwa 15 Minuten zugedeckt bei schwacher Hitze ziehen lassen. Herausnehmen und warm stellen.

5. Den Sud durch ein Sieb streichen. Den Lebkuchen reiben, in die Sauce geben und etwa 10 Minuten köcheln lassen. Die Rosinen abtropfen lassen und mit der Zitronenschale und den Mandelblättchen hinzufügen. Die Karpfenstücke mit der Sauce übergießen und sofort servieren.

Hecht in Sahnesauce

Štika na smetaně

Zutaten für 4 Personen:
1 küchenfertiger Hecht (etwa 1,5 kg)
Saft von 1 Zitrone
1 mittelgroße Zwiebel
6 Sardellenfilets
80 g Butter
Salz
2 Eigelb
250 g saure Sahne
weißer Pfeffer, frisch gemahlen
Für die Form: Butter

Gelingt leicht

Pro Portion etwa:
1800 kJ/435 kcal
47 g Eiweiß · 27 g Fett
4 g Kohlenhydrate

- Zubereitungszeit: etwa 1 Stunde (davon 30 Minuten Garzeit)

1. Den Hecht gründlich waschen, trockentupfen und mit dem Zitronensaft beträufeln. Die Zwiebel schälen und fein hacken. Die Sardellenfilets ebenfalls fein hacken. 2 Eßlöffel Butter erhitzen und die Zwiebel darin glasig braten.

2. Den Backofen auf 200° vorheizen. Eine große feuerfeste Form mit Butter ausstreichen. Die Zwiebel und die Sardellen in die Form geben. Den Hecht innen und außen salzen und darauf legen. Die restliche Butter kleinschneiden und darüber verteilen.

3. Den Hecht im Backofen in etwa 30 Minuten garen (Mitte, Gas Stufe 3), dabei gelegentlich mit dem entstehenden Saft bestreichen.

4. Den Hecht aus der Form nehmen und warm stellen. Den Bratensaft durch ein Sieb streichen. Die Eigelbe mit der sauren Sahne verquirlen und unterrühren. Die Sauce salzen, pfeffern und noch einmal erhitzen, aber nicht mehr kochen lassen. Den Hecht mit der Sahnesauce übergießen und servieren.

Im Bild oben: Hecht in Sahnesauce
Im Bild unten: Karpfen schwarz

Lendenbraten

Svíčková

Zutaten für 4 Personen:
750 g Rinderlende (vom Fleischer parieren und spicken lassen)
Salz
schwarzer Pfeffer, frisch gemahlen
1 mittelgroße Zwiebel
200 g Wurzelgemüse (Möhren, Sellerie, Petersilienwurzel)
3 Eßl. Öl
1 Lorbeerblatt
1/2 Teel. schwarze Pfefferkörner
1/4 l heiße Fleischbrühe (Instant oder selbstgemacht)
2 Eßl. Mehl
250 g Sahne
1 Eßl. Zitronensaft

Für Gäste

Pro Portion etwa:
2600 kJ/620 kcal
41 g Eiweiß · 45 g Fett
9 g Kohlenhydrate

- Zubereitungszeit: etwa 1 1/2 Stunden

1. Das Fleisch mit Salz und Pfeffer einreiben. Die Zwiebel schälen und fein hacken. Das Wurzelgemüse schälen, waschen und würfeln.

2. Das Öl in einem Bräter erhitzen. Das Fleisch darin bei starker Hitze rundherum kräftig anbraten. Den Backofen auf 200° vorheizen.

3. Das Fleisch aus dem Bräter nehmen. Die Zwiebel und das Gemüse hineingeben und bei mittlerer Hitze anbraten.

4. Das Fleisch mit dem Lorbeerblatt und den Pfefferkörnern in den Bräter legen. Die Brühe angießen. Das Fleisch im Backofen im offenen Bräter in etwa 40 Minuten braten (Mitte, Gas Stufe 3). Dabei öfter mit dem Bratensaft begießen.

5. Das fertige Fleisch warm stellen. Den Bratensaft durch ein Sieb streichen. Das Mehl mit der Sahne und 2 Eßlöffeln Bratensaft verquirlen und in die Sauce rühren. Die Sauce etwa 10 Minuten köcheln lassen. Mit Salz, Pfeffer und dem Zitronensaft abschmecken.

6. Den Lendenbraten in Scheiben schneiden und mit der Bratensauce servieren. Dazu paßt Preiselbeerkompott.

Serviettenknödel

Knedlíky

Zutaten für 4 Personen:
6 Brötchen vom Vortag
2 Eier
3/8 l Milch
Salz
1 kleine Zwiebel
1/2 Bund Petersilie
80 g Butter
50 g Mehl
schwarzer Pfeffer, frisch gemahlen
1 Prise Muskatnuß, frisch gerieben
Zum Einwickeln: 1 Stoffserviette

Berühmtes Rezept

Pro Portion etwa:
2000 kJ/480 kcal
13 g Eiweiß · 24 g Fett
51 g Kohlenhydrate

- Zubereitungszeit: etwa 1 Stunde

1. Die Brötchen würfeln. Die Eier trennen. Die Eigelbe mit der Milch verquirlen, salzen und über die Brötchen gießen.

2. Die Zwiebel schälen und fein hacken. Die Petersilie waschen, trockenschwenken und fein hacken. 1 Eßlöffel Butter erhitzen. Die Zwiebel darin glasig braten. Mit dem Mehl und der Petersilie zu den Brötchen geben.

3. Die Eiweiße mit 1 Prise Salz steif schlagen und unter die Brötchenmasse ziehen. Die Masse mit Salz, Pfeffer und dem Muskat abschmecken und zu einer Rolle formen.

4. In einem Topf reichlich Wasser zum Kochen bringen und salzen. Die restliche Butter zerlassen. Eine Serviette befeuchten und mit der Butter bestreichen. Die Knödelrolle mit der Serviette umwickeln und die Enden zubinden.

5. Den Serviettenknödel in dem Salzwasser bei schwacher Hitze in etwa 30 Minuten garen. Den fertigen Knödel aus der Serviette nehmen und in Scheiben schneiden.

Zur klassischen böhmischen Küche gehört ein kräftiger Braten, serviert mit Serviettenknödel.

Rinderrouladen

Hovězí roláda

Zutaten für 4 Personen:
2 Eier
2 mittelgroße Gewürzgurken
4 Rinderrouladen aus der Keule (je etwa 100 g)
Salz
schwarzer Pfeffer, frisch gemahlen
1 Eßl. scharfer Senf
1 Eßl. Kapern
1 mittelgroße Zwiebel
4 Scheiben gekochter Schinken (etwa 100 g)
4 Scheiben fetter Räucherspeck ohne Schwarte (etwa 80 g)
1 Eßl. Mehl
2 Eßl. Butterschmalz oder Öl
1/4 l heiße Fleischbrühe (Instant oder selbstgemacht)
Zum Feststecken: 4 Rouladennadeln

Für Gäste

Pro Portion etwa:
1500 kJ/360 kcal
29 g Eiweiß · 23 g Fett
7 g Kohlenhydrate

- Zubereitungszeit: etwa 1 1/2 Stunden (davon 1 Stunde Garzeit)

1. Die Eier in etwa 10 Minuten hart kochen, kalt abschrecken und schälen. Ebenso wie die Gewürzgurken der Länge nach halbieren.

2. Die Rouladen waschen, trockentupfen, leicht klopfen und an den Rändern etwa 1/2 cm tief einschneiden. Die Rouladen salzen und pfeffern und auf einer Seite mit dem Senf bestreichen.

3. Die Kapern fein hacken. Die Zwiebel schälen und ebenfalls fein hacken.

4. Auf jede mit Senf bestrichene Fleischseite 1 Schinken- und 1 Speckscheibe sowie 1 Ei- und 1 Gurkenhälfte legen. Die Kapern darüber streuen.

5. Die Rouladen an den Seiten etwas einschlagen, aufrollen, mit den Rouladennadeln zusammenstecken und in dem Mehl wenden.

6. Das Butterschmalz oder das Öl in einem Schmortopf erhitzen. Die Rouladen darin bei starker Hitze rundherum kräftig anbraten.

7. Die Rouladen aus dem Topf nehmen. Die Zwiebel hineingeben und bei mittlerer Hitze in dem Fett glasig braten. Die Rouladen wieder dazugeben. Die Fleischbrühe angießen. Die Rouladen zugedeckt bei schwacher Hitze etwa 1 Stunde schmoren lassen.

8. Die Nadeln aus den Rouladen entfernen. Die Sauce durch ein Sieb streichen oder im Mixer pürieren und über die Rouladen gießen. Dazu passen Salzkartoffeln oder Kartoffelpüree.

Variante:
Für die Füllung 1 kleine Zwiebel, 2 Sardellenfilets und 1 Eßlöffel Kapern fein hacken. 250 g Rinderhackfleisch, 1 Ei, 2 Eßlöffel saure Sahne und die abgeriebene Schale von 1/2 unbehandelten Zitrone hinzufügen. Alle Zutaten gut vermischen. Die vorbereiteten Rinderrouladen damit bestreichen und wie oben beschrieben fertigstellen.

Tip!

Anstelle der Rouladennadeln können Sie auch Holzzahnstocher zum Zusammenstecken des Fleisches verwenden. Oder Sie umwickeln die Rouladen rundherum mit Küchengarn.

Die pikanten Rinderrouladen werden in ihrer böhmischen Heimat auch »Spanische Vögel« genannt.

Karlsbader Kalbsroulade

Karlovarská telecí roláda

Zutaten für 6 Personen:
4 Eier
1 Eßl. Butter
Salz
schwarzer Pfeffer, frisch gemahlen
2 mittelgroße Gewürzgurken
1 1/2 kg Kalbsbrust (vom Fleischer auslösen und quer so einschneiden lassen, daß ein doppelt so großes Stück entsteht)
200 g gekochter Schinken, in Scheiben geschnitten
3 Eßl. Öl
2 Eßl. Crème fraîche
Zum Einwickeln: Küchengarn

Braucht etwas Zeit

Pro Portion etwa:
2100 kJ/500 kcal
51 g Eiweiß · 32 g Fett
1 g Kohlenhydrate

- Zubereitungszeit: etwa 2 1/2 Stunden (davon 2 Stunden Garzeit)

1. Die Eier verquirlen. Die Butter erhitzen, die Eier darin unter Rühren stocken lassen. Das Rührei salzen, pfeffern und abkühlen lassen. Die Gewürzgurken fein würfeln.

2. Die Kalbsbrust waschen, trockentupfen, salzen, pfeffern und mit der Außenseite nach unten auf die Arbeitsfläche legen.

3. Das Fleisch mit dem Schinken belegen. Das Rührei und die Gurkenwürfel darauf verteilen. Die Kalbsbrust aufrollen und mit Küchengarn zusammenbinden.

4. Das Öl in einem Bräter erhitzen. Die Kalbsroulade darin anbraten. Den Backofen auf 200° vorheizen.

5. Die Kalbsroulade im geschlossenen Bräter im Backofen etwa 2 Stunden braten (Mitte, Gas Stufe 3). Dabei öfter mit dem Bratensaft begießen.

6. Das fertige Fleisch warm stellen. Den Bratensaft durch ein Sieb streichen, mit der Crème fraîche verrühren und aufkochen lassen.

7. Die Kalbsroulade vom Küchengarn befreien, in Scheiben schneiden und mit der Bratensauce servieren.

Prager Kalbskoteletts

Pražska telecí kotleta

Zutaten für 4 Personen:
4 Kalbskoteletts (je etwa 200 g)
Salz
2 Eßl. Zitronensaft
150 g Steinpilze (ersatzweise Champignons)
50 g Butter
1 Eßl. fein gehackte Zwiebeln
1 Eßl. Mehl

Schnell

Pro Portion etwa:
1300 kJ/310 kcal
34 g Eiweiß · 15 g Fett
5 g Kohlenhydrate

- Zubereitungszeit: etwa 30 Minuten

1. Die Koteletts waschen, trockentupfen, flachdrücken, salzen, mit dem Zitronensaft beträufeln und einige Minuten ruhen lassen.

2. Die Pilze putzen, wenn nötig, waschen und in Scheiben schneiden.

3. Die Butter in einer großen Pfanne erhitzen und die Zwiebeln darin glasig braten.

4. Die Koteletts und die Pilze hinzufügen. Das Fleisch etwa 5 Minuten bei mittlerer Hitze auf einer Seite braten. Mit dem Mehl bestäuben, wenden und in etwa 5 Minuten fertig braten. Die Koteletts mit den Pilzen anrichten und servieren. Dazu schmeckt Reis.

Im Bild oben: Karlsbader Kalbsroulade
Im Bild unten: Prager Kalbskoteletts

Gefüllter Schweinebauch

Nadívaný vepřový bůček

Am einfachsten ist es, wenn Sie die Tasche für die Füllung gleich vom Fleischer einschneiden lassen.

Zutaten für 4 Personen:
1 kg Schweinebauch mit Schwarte
Salz
schwarzer Pfeffer, frisch gemahlen
4 Brötchen
1/8 l Milch
1 Bund Petersilie
1 kleine Zwiebel
2 Eßl. Butter
3 Eier
1 Prise Muskatnuß, frisch gerieben
3 Eßl. Butterschmalz oder Öl
1/4 l heiße Fleischbrühe (Instant oder selbstgemacht)
2 Eßl. Crème fraîche
Zum Verschließen: Zahnstocher oder Küchengarn

Preiswert

Pro Portion etwa:
5600 kJ/1300 kcal
45 g Eiweiß · 120 g Fett
27 g Kohlenhydrate

- Zubereitungszeit: etwa 2 Stunden (davon 1 1/2 Stunden Garzeit)

1. Das Fleisch waschen und trockentupfen. An der Seite eine Tasche zum Füllen einschneiden. Das Fleisch innen und außen mit Salz und Pfeffer einreiben.

2. Die Brötchen in der Milch einweichen. Die Petersilie waschen, trockenschwenken und ohne die groben Stiele fein hacken.

3. Die Zwiebel schälen und fein hacken. Die Butter erhitzen. Die Zwiebel darin glasig braten, anschließend abkühlen lassen.

4. Die Brötchen ausdrücken und mit den Eiern, der Petersilie und der Zwiebel vermischen. Mit Salz, Pfeffer und dem Muskat würzen.

5. Die Brötchenmasse locker in den Schweinebauch füllen. Die Tasche mit Zahnstochern zustecken oder mit Küchengarn zunähen.

6. Das Butterschmalz oder das Öl in einem Bräter erhitzen. Den Schweinebauch bei starker Hitze darin rundherum kräftig anbraten. Den Backofen auf 200° vorheizen.

7. Den Schweinebauch mit der Schwarte nach unten in den Bräter legen. Den Bräter offen in den Backofen stellen (Mitte, Gas Stufe 3). Die Fleischbrühe angießen.

8. Das Fleisch etwa 1 Stunde braten. Zwischendurch immer wieder mit dem Bratensaft begießen. Wenn nötig, noch etwas Brühe hinzufügen.

9. Den Schweinebauch aus dem Bräter nehmen. Die Schwarte mit einem spitzen Messer rautenförmig einschneiden. Das Fleisch zurück in den Bräter geben und mit der Schwarte nach oben in etwa 30 Minuten fertig braten.

10. Den Schweinebauch aus dem Bräter nehmen und warm stellen. Den Bratensaft durch ein Haarsieb streichen, mit der Crème fraîche verrühren und aufkochen lassen.

11. Den Braten von den Zahnstochern oder dem Küchengarn befreien und in Scheiben schneiden. Den Schweinebauch mit der Sauce servieren. Dazu passen Salzkartoffeln und Krautsalat.

Variante:
Den Schweinebauch wie oben beschrieben vorbereiten. Für die Füllung 200 g Schweineleber durch den Fleischwolf drehen oder fein schaben. 1 Brötchen in 1/8 l Milch einweichen. 1 Zwiebel schälen und fein hacken. 1 Eßlöffel Butter erhitzen, die Zwiebel darin glasig braten. 2 Eier mit der Leber, dem ausgedrückten Brötchen, der Zwiebel, 1 Teelöffel Majoran und 1 Eßlöffel feingehackter Petersilie mischen. 1 Knoblauchzehe durch die Presse dazudrücken. Die Leberfüllung salzen und pfeffern, in den Schweinebauch geben und das Fleisch wie beschrieben braten.

Der gefüllte Schweinebauch schmeckt sowohl heiß als auch kalt hervorragend.

Schweinebraten

Vepřová pečeně

Zutaten für 6 Personen:
1 1/2 kg Schweineschulter mit Schwarte
Salz
schwarzer Pfeffer, frisch gemahlen
1/2 Teel. gemahlener Kümmel
4 Knoblauchzehen
3 Eßl. Schweineschmalz oder Öl
1/2 l heiße Fleischbrühe (Instant oder selbstgemacht)
1/4 l helles Bier

Braucht etwas Zeit

Pro Portion etwa:
3000 kJ/710 kcal
43 g Eiweiß · 61 g Fett
1 g Kohlenhydrate

- Zubereitungszeit: etwa 2 1/2 Stunden

1. Das Fleisch waschen und trockentupfen. Salz und Pfeffer mit dem Kümmel vermischen. Den Knoblauch schälen und durch die Presse dazudrücken. Das Fleisch mit der Würzmischung einreiben.

2. Das Schweineschmalz oder das Öl in einem Bräter erhitzen. Das Fleisch darin bei starker Hitze rundherum kräftig anbraten. Die Brühe angießen. Den Backofen auf 190° vorheizen.

3. Das Fleisch im offenen Bräter im Backofen etwa 1 Stunde braten (Mitte, Gas Stufe 3), dabei öfter mit dem Bratensaft begießen.

4. Den Braten aus dem Bräter nehmen und die Schwarte mit einem spitzen Messer rautenförmig einschneiden. Das Fleisch mit der Schwarte nach oben in den Bräter legen und noch etwa 45 Minuten braten. In den letzten 20 Minuten mehrmals mit dem Bier bestreichen.

5. Den Backofen ausschalten und den Braten noch etwa 10 Minuten darin ruhen lassen. Den Braten in Scheiben schneiden und mit dem Bratensaft servieren.

Kartoffelknödel

Bramborové knedlíky

Zutaten für 6 Personen:
600 g mehligkochende Kartoffeln
Salz
130 g Mehl
1 Ei
Für die Arbeitsfläche: Mehl

Gelingt leicht

Pro Portion etwa:
650 kJ/150 kcal
5 g Eiweiß · 1 g Fett
31 g Kohlenhydrate

- Zubereitungszeit: etwa 1 1/2 Stunden

1. Die Kartoffeln waschen und in etwa 30 Minuten garen, abgießen und pellen.

2. In einem großen Topf reichlich Wasser zum Kochen bringen und salzen.

3. Inzwischen die Kartoffeln durch die Presse drücken oder fein reiben. Auf der bemehlten Arbeitsfläche hügelförmig aufschichten, in die Mitte eine Mulde drücken und Salz, das Mehl und das Ei hineingeben. Alles rasch zu einem glatten Teig verkneten und daraus 6 längliche Knödel formen.

4. Die Knödel sofort in das Salzwasser geben und bei schwacher Hitze in etwa 15 Minuten gar ziehen lassen. Nach etwa der halben Garzeit die Knödel umdrehen.

5. Die Knödel mit einer Schaumkelle aus dem Wasser heben und abtropfen lassen. Nach Belieben vor dem Servieren in Scheiben schneiden.

Tip!

Es ist wichtig, daß die Kartoffelknödel sofort in das Kochwasser kommen. Sollte dies einmal nicht möglich sein, fügen Sie noch etwas mehr Mehl hinzu, damit die Knödel beim Garen nicht zerfallen.

Ein Sonntagsessen ist dieser herzhaft gewürzte Schweinebraten mit knuspriger Kruste.

Gänsebraten

Pečená husa

Zutaten für 8 Personen:
1 bratfertige Gans (etwa 4 kg)
Salz
schwarzer Pfeffer, frisch gemahlen

Für Gäste

Pro Portion etwa:
4500 kJ/1100 kcal
49 g Eiweiß · 97 g Fett
0 g Kohlenhydrate

- Zubereitungszeit: etwa 4 Stunden (davon 3 1/2 Stunden Bratzeit)

1. Den Backofen auf 200° vorheizen. Die Gans innen und außen waschen, trockentupfen und mit Salz und Pfeffer einreiben. 1/4 l Wasser zum Kochen bringen.

2. Die Gans mit der Brust nach unten in die Universalpfanne des Backofens legen und mit dem Wasser begießen.

3. Die Pfanne in den Ofen schieben und die Gans in etwa 3 1/2 Stunden knusprig braun braten (Mitte, Gas Stufe 3). Dabei gelegentlich mit dem Bratensaft begießen. Nach etwa der Hälfte der Garzeit die Gans auf den Rücken drehen.

4. Die fertige Gans herausnehmen und warm stellen. Den Bratensatz mit etwas Wasser loskochen und entfetten. Den Gänsebraten mit der Bratensauce servieren. Dazu passen Rotkohl und Kartoffelknödel.

Gefüllter Gänsehals

Nadívany husí krk

Diese Spezialität kann auch kalt serviert werden.

Zutaten für 2 Personen:
1 Gänsehals (beim Geflügelhändler vorbestellen)
200 g Kalbfleisch aus der Schulter
100 g Gänseleber (ersatzweise Kalbsleber)
10 g fetter Räucherspeck ohne Schwarte
1 kleine Zwiebel
1/2 Brötchen
4 Eßl. Milch
50 g gehackte Pistazien
1 Ei
Salz
Pfeffer
1/2 l Fleischbrühe (Instant oder selbstgemacht)
Zum Zunähen: Küchengarn

Raffiniert

Pro Portion etwa:
5000 kJ/1200 kcal
62 g Eiweiß · 100 g Fett
17 g Kohlenhydrate

- Zubereitungszeit: etwa 1 1/4 Stunden (davon 45 Minuten Garzeit)

1. Die Haut des Gänsehalses vorsichtig mit einem spitzen Messer von den Knochen lösen, ohne sie zu zerschneiden. Die Knochen wegwerfen. Die Innenseite der Haut nach außen stülpen und von den Adern befreien. Zurückwenden, sorgfältig waschen und an einem Ende mit Küchengarn zunähen, so daß ein langer schmaler Sack entsteht.

2. Das Kalbfleisch durch den Fleischwolf drehen oder fein hacken. Die Leber und den Speck in kleine Würfel schneiden. Die Zwiebel schälen und fein hacken. Das Brötchen in der Milch einweichen, anschließend ausdrücken.

3. Das Kalbfleisch mit der Leber, dem Speck, der Zwiebel, dem Brötchen, den Pistazien und dem Ei mischen, salzen und pfeffern.

4. Die Füllung locker in den Gänsehals geben. Die Öffnung ebenfalls zunähen.

5. Die Fleischbrühe erhitzen. Den Gänsehals darin bei schwacher Hitze in etwa 45 Minuten garen.

6. Den fertigen Gänsehals aus der Brühe nehmen, vom Küchengarn befreien und in Scheiben schneiden. Dazu paßt Kartoffelpüree.

Im Bild oben: Gänsebraten
Im Bild unten: Gefüllter Gänsehals

Überbackenes Sauerkraut

Zapečené kyselé zelí

Zutaten für 4 Personen:
600 g mehligkochende Kartoffeln
Salz
1 Teel. Kümmel
300 g Sauerkraut
1 mittelgroße Zwiebel
1 Eßl. Butter
1/4 l Fleischbrühe (Instant oder selbstgemacht)
300 g gekochter Schinken im Stück
schwarzer Pfeffer, frisch gemahlen
200 g saure Sahne
Für die Form: Butter

Preiswert

Pro Portion etwa:
1500 kJ/360 kcal
20 g Eiweiß · 19 g Fett
23 g Kohlenhydrate

- Zubereitungszeit: etwa 1 1/4 Stunden (davon 30 Minuten Garzeit)

1. Die Kartoffeln waschen, in einen Topf mit Wasser geben und Salz und den Kümmel hinzufügen. Die Kartoffeln bei schwacher Hitze in etwa 30 Minuten garen. Anschließend abgießen, pellen und in feine Scheiben schneiden. Das Sauerkraut grob zerschneiden.

2. Die Zwiebel schälen und fein hacken. Die Butter erhitzen, die Zwiebel darin glasig braten. Das Sauerkraut und die Fleischbrühe hinzufügen. Das Sauerkraut zugedeckt bei schwacher Hitze etwa 30 Minuten köcheln lassen, dabei gelegentlich umrühren.

3. Den Schinken würfeln. Eine feuerfeste Form mit Butter ausstreichen. Den Backofen auf 200° vorheizen.

4. Die Hälfte des Sauerkrautes in die Form füllen. Die Kartoffelscheiben und die Schinkenwürfel auf dem Sauerkraut verteilen, salzen und pfeffern. Das restliche Sauerkraut daraufgeben. Die Sahne darüber gießen.

5. Den Auflauf im Backofen in etwa 30 Minuten goldgelb backen (Mitte, Gas Stufe 3). Nach Belieben mit Petersilie bestreuen.

Sellerieauflauf

Celerový nákyp

Zutaten für 4 Personen:
1 Knollensellerie (etwa 800 g)
Saft von 1 Zitrone
1 Teel. Zucker
Salz
200 g gekochter Schinken im Stück
125 g Sahne
weißer Pfeffer, frisch gemahlen
2 Eßl. Semmelbrösel
2 Eßl. geriebener Käse (zum Beispiel Emmentaler)
50 g kalte Butter
Für die Form: Butter

Gelingt leicht

Pro Portion etwa:
1500 kJ/360 kcal
15 g Eiweiß · 29 g Fett
11 g Kohlenhydrate

- Zubereitungszeit: etwa 1 Stunde (davon 40 Minuten Garzeit)

1. Die Sellerieknolle waschen, trockentupfen, schälen und in Scheiben schneiden. Die Selleriescheiben in einen Topf geben, mit Wasser bedecken und den Zitronensaft, den Zucker und Salz hinzufügen. Die Selleriescheiben in etwa 15 Minuten bißfest kochen. Herausnehmen und abtropfen lassen.

2. Eine Auflaufform mit Butter ausstreichen. Den Backofen auf 200° vorheizen.

3. Die Selleriescheiben in die Form schichten. Den Schinken fein würfeln und darüber streuen. Die Sahne mit Salz und Pfeffer verrühren und über den Schinken gießen.

4. Die Semmelbrösel mit dem Käse vermischen und darüber streuen. Die Butter in kleine Stücke schneiden und auf der Oberfläche verteilen.

5. Den Auflauf im Backofen in etwa 25 Minuten goldgelb backen (Mitte, Gas Stufe 3).

Im Bild oben: Überbackenes Sauerkraut
Im Bild unten: Sellerieauflauf

Gefüllter Kohl

Plněné zelí

Zutaten für 4 Personen:
1 fest geschlossener Weißkohl (etwa 1,5 kg)
Salz
1 Brötchen vom Vortag
1/8 l Milch
1 Bund Petersilie
1 kleine Zwiebel
1 Knoblauchzehe
1 Eßl. Butter
400 g gemischtes Hackfleisch
1 Ei
schwarzer Pfeffer, frisch gemahlen
1 Prise getrockneter zerriebener Majoran
1 l Fleischbrühe (Instant)
Zum Zubinden: Küchengarn

Preiswert

Pro Portion etwa:
1600 kJ/380 kcal
26 g Eiweiß · 25 g Fett
16 g Kohlenhydrate

- Zubereitungszeit: etwa 1 1/2 Stunden (davon 60 Minuten Garzeit)

1. Den Weißkohl von den äußeren unansehnlichen Blättern befreien und etwa 20 Minuten in Salzwasser kochen lassen, danach eiskalt abschrecken.

2. Das Brötchen in der Milch einweichen und ausdrücken. Die Petersilie waschen, trockenschwenken und ohne die groben Stiele fein hacken.

3. Die Zwiebel und die Knoblauchzehe schälen und fein hacken. In einer Pfanne die Butter erhitzen, die Zwiebel und den Knoblauch darin unter Rühren glasig braten, anschließend abkühlen lassen.

4. Das Hackfleisch mit der Zwiebel, dem Knoblauch, dem Brötchen, der Petersilie und dem Ei mischen. Mit Salz, Pfeffer und dem Majoran kräftig würzen.

5. Den Weißkohl vom Strunk befreien und so weit aushöhlen, daß er noch stabil bleibt. Zwei Außenblätter ablösen und beiseite legen.

6. Die Hackfleischfüllung in den Weißkohl geben und die Öffnung mit den Außenblättern verschließen. Den Kohl mit Küchengarn umwickeln.

7. Die Fleischbrühe in einem großen Topf zum Kochen bringen. Den Kohl hineingeben und zugedeckt in etwa 40 Minuten garen.

8. Den gefüllten Kohl in Viertel schneiden. Dazu schmecken Salzkartoffeln und eine pikante Tomatensauce.

Variante: Kohlrouladen

Den Weißkohl etwa 15 Minuten in Salzwasser kochen lassen, anschließend die Blätter mit einer Gabel lösen.
Die Hackfleischfüllung wie beschrieben zubereiten. Auf jedes Kohlblatt 1 Eßlöffel Füllung geben. Die Ränder nach innen einschlagen und die Blätter aufrollen. Die Rouladen mit den Nahtstellen nach unten dicht nebeneinander in eine gebutterte Form setzen. Mit 1/4 l heißer Fleischbrühe aufgießen. Im auf 200° vorgeheizten Backofen (Mitte, Gas Stufe 3) zugedeckt etwa 30 Minuten schmoren lassen.

Wirsing mit Ei

Kapusta s vejci

Zutaten für 4 Personen:
1 kleiner Wirsing (etwa 800 g)
Salz
1 mittelgroße Zwiebel
1 Knoblauchzehe
100 g durchwachsener Räucherspeck ohne Schwarte
etwa 1/8 l Fleischbrühe (Instant oder selbstgemacht)
4 Eier
schwarzer Pfeffer, frisch gemahlen

Preiswert

Pro Portion etwa:
1100 kJ/260 kcal
12 g Eiweiß · 23 g Fett
4 g Kohlenhydrate

- Zubereitungszeit: etwa 1 Stunde (davon 30 Minuten Garzeit)

1. Von dem Wirsing die äußeren unansehnlichen Blätter entfernen. Den Wirsing vierteln und die Strunkteile herausschneiden. Die Kohlviertel in breite Streifen schneiden.

2. In einem großen Topf Wasser zum Kochen bringen und salzen. Die Kohlstreifen hineingeben und etwa 5 Minuten blanchieren. In ein Sieb schütten, eiskalt abschrecken und abtropfen lassen.

3. Die Zwiebel und die Knoblauchzehe schälen und fein hacken. Den Speck in kleine Würfel schneiden und in einem Topf bei mittlerer Hitze auslassen. Die Zwiebel und den Knoblauch in dem Speckfett glasig braten.

4. Den Wirsing und die Fleischbrühe hinzufügen. Das Gemüse zugedeckt bei schwacher Hitze in etwa 30 Minuten weich dünsten. Dabei gelegentlich umrühren und, wenn nötig, noch ganz wenig Fleischbrühe dazugießen.

5. Die Eier verquirlen, über den Wirsing gießen und stocken lassen. Den Wirsing salzen und pfeffern und sofort servieren. Dazu schmecken Kartoffeln.

Altböhmisches Pilzgericht

Houby s vejci po staročesku

Zutaten für 4 Personen:
500 g Steinpilze (ersatzweise Champignons)
2 mittelgroße Zwiebeln
1 Bund Petersilie
100 g fetter Räucherspeck ohne Schwarte
4 Eier
Salz
schwarzer Pfeffer, frisch gemahlen

Schnell

Pro Portion etwa:
1200 kJ/290 kcal
13 g Eiweiß · 23 g Fett
3 g Kohlenhydrate

- Zubereitungszeit: etwa 30 Minuten

1. Die Pilze putzen, wenn nötig, waschen und in Scheiben schneiden. Die Zwiebeln schälen und fein hacken. Die Petersilie waschen, trockenschwenken und ohne die groben Stiele ebenfalls fein hacken.

2. Den Speck in kleine Würfel schneiden und in einer großen Pfanne bei mittlerer Hitze auslassen. Die Zwiebeln in dem Speckfett glasig braten. Die Pilze hinzufügen und etwa 10 Minuten bei mittlerer Hitze braten, dabei gelegentlich umrühren.

3. Die Eier verquirlen, über die Pilze gießen und unter Rühren stocken lassen.

4. Die Pilze salzen, pfeffern und mit der Petersilie bestreuen. Dazu passen Kartoffeln oder Roggenvollkornbrot.

Im Bild oben: Wirsing mit Ei
Im Bild unten: Altböhmisches Pilzgericht

Kartoffelrüttler

Bramborový třesenec

Zutaten für 4 Personen:
800 g mehligkochende Kartoffeln
Salz
150 g Mehl
300 g gekochter Schinken im Stück
1 Bund Petersilie
schwarzer Pfeffer, frisch gemahlen
80 g Butter
Für die Arbeitsfläche: Mehl
Für die Form: Butter

Preiswert

Pro Portion etwa:
2300 kJ/550 kcal
21 g Eiweiß · 27 g Fett
54 g Kohlenhydrate

- Zubereitungszeit: etwa 2 Stunden (davon 1 1/4 Stunden Garzeit)

1. Die Kartoffeln waschen und bei schwacher Hitze in Salzwasser in etwa 30 Minuten weich kochen. Abgießen und pellen.

2. Die Kartoffeln durch die Presse drücken, salzen und auf eine bemehlte Arbeitsfläche geben. Das Mehl darüber streuen und locker mit den Kartoffeln vermischen, aber nicht zu einem Teig verarbeiten.

3. Den Schinken in kleine Würfel schneiden. Die Petersilie waschen, trockenschwenken und ohne die groben Stiele fein hacken.

4. Eine Auflaufform mit Butter ausstreichen. Den Backofen auf 200° vorheizen.

5. Eine dünne Schicht von der Kartoffelmasse auf den Boden der Form geben. Etwa ein Drittel von den Schinkenwürfeln und der Petersilie darüber streuen. Mit Salz und Pfeffer würzen. Dann wieder eine Schicht Kartoffeln daraufgeben. So fortfahren, bis alles aufgebraucht ist. Mit einer Kartoffelschicht abschließen. Die Butter bei schwacher Hitze zerlassen und auf die Kartoffeln träufeln.

6. Den Kartoffelrüttler im Backofen (Mitte, Gas Stufe 3) in etwa 45 Minuten goldgelb backen. Dazu paßt Blattsalat.

Steinpilze in Sahnesauce

Křemenáče na smetaně

Zutaten für 4 Personen:
750 g Steinpilze (ersatzweise Champignons)
2 mittelgroße Zwiebeln
2 Eßl. Butter
1 Bund Petersilie
2 Eigelb
250 g Sahne
Salz
weißer Pfeffer, frisch gemahlen

Schnell

Pro Portion etwa:
1300 kJ/310 kcal
7 g Eiweiß · 26 g Fett
5 g Kohlenhydrate

- Zubereitungszeit: etwa 30 Minuten

1. Die Pilze putzen, wenn nötig, waschen und in Scheiben schneiden. Die Zwiebeln schälen und fein hacken. Die Butter in einer großen Pfanne erhitzen und die Zwiebeln darin glasig braten.

2. Die Pilze hinzufügen und bei mittlerer Hitze etwa 10 Minuten braten, dabei gelegentlich umrühren.

3. Die Petersilie waschen, trockenschwenken und ohne die groben Stiele fein hacken. Die Eigelbe mit der Sahne verquirlen.

4. Die Pfanne von der Herdplatte nehmen und die Eiersahne einrühren. Die Pilze mit der Sahnesauce noch einmal erhitzen, aber nicht kochen lassen, salzen, pfeffern und mit der Petersilie bestreuen.

Im Bild oben: Kartoffelrüttler
Im Bild unten:
Steinpilze in Sahnesauce

Kartoffelroulade

Bramborová roláda

Zutaten für 6 Personen:
600 g mehligkochende Kartoffeln
Salz
250 g Mehl
4 Eier
100 g Butter
300 g Steinpilze (ersatzweise Champignons)
1 kleine Zwiebel
schwarzer Pfeffer, frisch gemahlen
2 Eßl. geriebener Käse (zum Beispiel Emmentaler)
Zum Ausrollen: Klarsichtfolie
Zum Einwickeln: 1 Stoffserviette

Braucht etwas Zeit

Pro Portion etwa:
1700 kJ/400 kcal
11 g Eiweiß · 19 g Fett
46 g Kohlenhydrate

- Zubereitungszeit: etwa 2 Stunden (davon 40 Minuten Garzeit)

1. Die Kartoffeln waschen und bei schwacher Hitze in Salzwasser in etwa 30 Minuten weich kochen, abgießen, pellen und noch heiß durch die Presse drücken.

2. Die Kartoffeln mit dem Mehl, 2 Eiern, Salz und 50 g Butter zu einem glatten Teig verkneten. Den Teig zugedeckt bei Zimmertemperatur etwa 30 Minuten ruhen lassen.

3. Inzwischen die restlichen Eier in etwa 10 Minuten hart kochen, kalt abschrecken, schälen und fein hacken.

4. Die Pilze putzen, wenn nötig, waschen und in Scheiben schneiden. Die Zwiebel schälen und fein hacken. Die restliche Butter erhitzen, die Zwiebel darin glasig braten. Die Pilze hinzufügen und in etwa 10 Minuten garen, danach salzen und pfeffern.

5. Den Teig auf Klarsichtfolie zu einer etwa 1 cm dicken Platte ausrollen. Die Pilzfüllung darauf verteilen. Die gehackten Eier darüber streuen. Die Teigplatte durch Anheben der Folie zu einer festen Roulade aufrollen.

6. In einem weiten Topf reichlich Salzwasser zum Kochen bringen. Eine Stoffserviette befeuchten und auf die Arbeitsfläche legen. Die Roulade auf die Serviette legen und mit dem Stoff umwickeln. Die Serviettenenden zubinden.

7. Die Kartoffelroulade in dem Salzwasser zugedeckt bei schwacher Hitze etwa 40 Minuten ziehen lassen.

8. Die Roulade herausnehmen. Die Serviette entfernen. Die Kartoffelroulade in 12 Scheiben schneiden und mit dem Käse bestreuen.

Varianten für Füllungen:

Fleischfüllung

300 g gekochten Schinken in kleine Würfel schneiden.
1 Zwiebel schälen und fein hacken. 50 g Butter erhitzen, die Zwiebel darin glasig braten. 2 Eßlöffel Semmelbrösel darüber streuen, kurz mitbraten und abkühlen lassen. Die Zwiebelmasse mit den Schinkenwürfeln mischen. Die Füllung mit Salz, Pfeffer, 1 Prise geriebener Muskatnuß und 2 Eßlöffeln feingehackter Petersilie würzen.

Krautfüllung

Von 1 Weißkohl (etwa 500 g) die äußeren unansehnlichen Blätter entfernen. Den Weißkohl vierteln, waschen, von den Strunkteilen befreien und kleinschneiden. 1 Zwiebel schälen und fein hacken.
1 Eßlöffel Butter in einem Topf erhitzen, die Zwiebel darin glasig braten. Etwa 1/8 l heiße Fleischbrühe dazugießen. Den Kohl hinzufügen und zugedeckt bei schwacher Hitze unter gelegentlichem Umrühren in etwa 20 Minuten nicht zu weich dünsten. Die Krautfüllung etwas abkühlen lassen, mit 3 Eßlöffeln saurer Sahne mischen und mit Salz, Pfeffer und 1 Teelöffel gemahlenem Kümmel würzen.

Dalken

Vdolky

Zutaten für 4 Personen:
400 g Mehl
2/3 Würfel Hefe (30 g)
30 g Zucker
1/4 l lauwarme Milch
30 g Butter
2 zimmerwarme Eier
1 Prise Salz
250 g Powidl (dickes Pflaumenmus)
2 Eßl. Rum
125 g Sahne
2 Eßl. Vanillinzucker
2 Eßl. Puderzucker
Für die Arbeitsfläche: Mehl
Zum Ausbacken: 250 g Butterschmalz

Preiswert

Pro Portion etwa:
3400 kJ/810 kcal
14 g Eiweiß · 22 g Fett
140 g Kohlenhydrate

- Zubereitungszeit: etwa 2 Stunden (davon 1 Stunde Ruhezeit)

1. Das Mehl in eine große Schüssel sieben, in die Mitte eine Mulde drücken. Die Hefe zerbröckeln und in der Mulde mit dem Zucker, 2 Eßlöffeln Milch und etwas Mehl vom Rand verrühren.

2. Den Vorteig zugedeckt etwa 15 Minuten an einem warmen Ort gehen lassen.

3. Die Butter in der restlichen Milch zerlassen und mit den Eiern und dem Salz zum Vorteig geben. Mit dem Mehl daraus einen glatten Teig kneten. Den Teig zugedeckt etwa 30 Minuten an einem warmen Ort gehen lassen.

4. Den Teig auf einer bemehlten Arbeitsfläche etwa 1 cm dick ausrollen. Kreise von etwa 6 cm Durchmesser ausstechen und etwa 15 Minuten gehen lassen.

5. Den Powidl mit dem Rum verrühren. Die Sahne mit dem Vanillinzucker steif schlagen.

6. Das Butterschmalz in einer tiefen Pfanne erhitzen. Die Teigscheiben darin bei mittlerer Hitze von beiden Seiten in jeweils etwa 3 Minuten goldgelb backen.

7. Die Dalken mit dem Puderzucker bestäuben, mit dem Powidl bestreichen und mit je 1 Eßlöffel Sahne garnieren.

Liwanzen

Lívance

Zutaten für 4 Personen:
300 g Mehl
1/2 Würfel Hefe (20 g)
50 g Zucker
1/2 l lauwarme Milch
3 zimmerwarme Eier
1 Prise Salz
250 g Beeren
etwa 3 Eßl. Butterschmalz
2 Eßl. Puderzucker

Raffiniert

Pro Portion etwa:
2200 kJ/520 kcal
14 g Eiweiß · 15 g Fett
82 g Kohlenhydrate

- Zubereitungszeit: etwa 1 3/4 Stunden (davon 45 Minuten Ruhezeit)

1. Das Mehl in eine große Schüssel sieben, in die Mitte eine Mulde drücken. Die Hefe zerbröckeln und in der Mulde mit dem Zucker, 2 Eßlöffeln Milch und etwas Mehl vom Rand verrühren. Den Vorteig zugedeckt etwa 15 Minuten an einem warmen Ort gehen lassen.

2. Die restliche Milch mit den Eiern und dem Salz zum Vorteig geben. Mit dem Mehl daraus einen glatten Teig kneten. Den Teig zugedeckt etwa 30 Minuten an einem warmen Ort gehen lassen.

3. Die Beeren, wenn nötig, verlesen, waschen und trockentupfen.

4. Eine Liwanzen- oder Spiegeleierpfanne mit 1 Eßlöffel Butterschmalz ausstreichen und erhitzen. In jede Vertiefung 1 Löffel Teig geben. Von beiden Seiten in je etwa 2 Minuten goldgelb backen. So fortfahren, bis der Teig verbraucht ist.

5. Die Liwanzen auf Teller geben und mit jeweils 1 Eßlöffel Beeren und dem Puderzucker garnieren.

Bild oben: Liwanzen
Bild unten: Dalken

Buchteln

Buchty

Dieses feine Hefegebäck schmeckt sowohl warm – zum Beispiel mit Vanillesauce – als auch ausgekühlt sehr gut.

Zutaten für etwa 12 Stück:
500 g Mehl
1 Würfel Hefe (42 g)
80 g Zucker
1/4 l lauwarme Milch
80 g Butter
1 Prise Salz
3 zimmerwarme Eigelb
200 g Powidl (dickes Pflaumenmus)
2 Eßl. Rum
1 Prise Zimtpulver
Für die Arbeitsfläche: Mehl
Für die Form: Butter

Preiswert

Bei 12 Stück pro Stück etwa:
1200 kJ/290 kcal
4 g Eiweiß · 7 g Fett
51 g Kohlenhydrate

- Zubereitungszeit: etwa 2 Stunden (davon 30 Minuten Backzeit)

1. Das Mehl in eine große Schüssel sieben, in die Mitte eine Mulde drücken. Die Hefe zerbröckeln und in der Mulde mit 1 Teelöffel Zucker, 2 Eßlöffeln Milch und etwas Mehl vom Rand verrühren, bis sie sich aufgelöst hat. Etwas Mehl darüber stäuben.

2. Den Vorteig zugedeckt etwa 15 Minuten an einem warmen Ort gehen lassen, bis das Mehl Sprünge zeigt.

3. 40 Gramm Butter in der restlichen Milch zerlassen und mit dem restlichen Zucker, dem Salz und den Eigelben zum Vorteig geben. Mit dem Mehl daraus einen glatten Teig kneten, der sich vom Schüsselrand löst. Wenn nötig, noch etwas Milch dazugießen. Den Teig zugedeckt etwa 30 Minuten an einem warmen Ort gehen lassen.

4. Den Teig auf einer bemehlten Arbeitsfläche zu einer Rolle formen und in etwa 12 Scheiben schneiden. Die Scheiben flachdrücken.

5. Den Powidl mit dem Rum und dem Zimt verrühren. Auf die Mitte jeder Scheibe 1 Eßlöffel Powidl geben. Die Teigränder nach oben ziehen und miteinander verbinden.

6. Eine feuerfeste Form mit Butter ausstreichen. Die Buchteln mit der Nahtstelle nach unten nicht zu dicht nebeneinander in die Form setzen.

7. Die restliche Butter bei schwacher Hitze zerlassen und die Buchteln damit bestreichen. Die Buchteln zugedeckt noch etwa 20 Minuten gehen lassen. Den Backofen auf 200° vorheizen.

8. Die Form in den Backofen (unten, Gas Stufe 3) schieben und die Buchteln in etwa 30 Minuten hellbraun backen.

9. Die Buchteln entweder heiß servieren oder in der Form auskühlen lassen.

Varianten für Füllungen:

Mit Quark
200 g Quark (20 % Fett i. Tr.) mit 1 Eigelb, 1 Eßlöffel Zucker und etwas abgeriebener Zitronenschale verrühren.

Mit Mohn
200 g feingemahlenen Mohn mit 1/4 l Milch, 2 Eßlöffeln Zucker und 1 Messerspitze Zimtpulver aufkochen lassen.

Mit Haselnüssen
200 g gemahlene Haselnüsse mit 1/4 l Milch und 2 Eßlöffeln Zucker aufkochen lassen.

Mit Steinobst
12 reife Pflaumen oder Aprikosen waschen und entsteinen. Statt des Steins jeweils 1 Stück Würfelzucker in die Frucht geben.

Mit Äpfeln
300 g säuerliche Äpfel schälen, vierteln und von den Kerngehäusen befreien. Die Apfelstücke mit 50 g Zucker und 1 Teelöffel Zimtpulver in ganz wenig Wasser in etwa 20 Minuten weich dünsten. Durch ein Sieb streichen und mit 2 Eßlöffeln Semmelbrösel mischen.

Bei Buchteln ist Abwechslung geboten – probieren Sie die verschiedenen Füllungen aus!

Hefeknödel mit Mohn

Kynuté knedlíky s mákem

Zutaten für 4 Personen:
250 g Mehl
1/2 Würfel Hefe (20 g)
1 Eßl. Zucker
1/8 l lauwarme Milch
2 zimmerwarme Eigelb
abgeriebene Schale von 1/2 unbehandelten Zitrone
Salz
200 g Powidl (dickes Pflaumenmus)
80 g Butter
80 g Mohnsamen, gemahlen
80 g Puderzucker

Preiswert

Pro Portion etwa:
2600 kJ/620 kcal
11 g Eiweiß · 27 g Fett
85 g Kohlenhydrate

- Zubereitungszeit: etwa 2 Stunden (davon 1 1/4 Stunden Ruhezeit)

1. Das Mehl in eine große Schüssel sieben, in die Mitte eine Mulde drücken. Die Hefe zerbröckeln und in der Mulde mit dem Zucker, 2 Eßlöffeln Milch und etwas Mehl vom Rand verrühren.

2. Den Vorteig zugedeckt etwa 15 Minuten an einem warmen Ort gehen lassen.

3. Die restliche Milch mit den Eigelben, der Zitronenschale und 1 Prise Salz zum Vorteig geben. Mit dem Mehl daraus einen glatten Teig kneten. Den Teig zugedeckt etwa 30 Minuten an einem warmen Ort gehen lassen.

4. Den Teig in vier gleich große Stücke teilen. Jedes Teigstück flachdrücken und jeweils 50 g Powidl in die Mitte geben. Die Teigstücke zu Knödeln formen und noch einmal etwa 30 Minuten gehen lassen.

5. In einem weiten Topf reichlich Salzwasser zum Kochen bringen. Die Knödel hineingeben und bei schwacher Hitze in etwa 15 Minuten garen. Nach der Hälfte der Garzeit die Knödel wenden.

6. Die Butter zerlassen. Den Mohn mit dem Puderzucker mischen.

7. Die Hefeknödel auf Teller legen, mit der Butter beträufeln und mit dem Mohnzucker bestreuen.

Kartoffelnocken

Bramborové škubánky

Zutaten für 4 Personen:
800 g mehligkochende Kartoffeln
Salz
150 g Mehl
100 g Butter
100 g Mohnsamen, gemahlen
4 Eßl. Puderzucker

Gelingt leicht

Pro Portion etwa:
2400 kJ/570 kcal
11 g Eiweiß · 31 g Fett
61 g Kohlenhydrate

- Zubereitungszeit: etwa 1 Stunde (davon 35 Minuten Garzeit)

1. Die Kartoffeln waschen, schälen und in große Würfel schneiden. In 1/2 l Salzwasser bißfest kochen.

2. Die Hälfte des Kochwassers abgießen. Die Kartoffeln mit dem Mehl bestreuen. In die Masse mit einem Kochlöffelstiel Löcher bis zum Topfboden drücken.

3. Die Kartoffeln mit dem Mehl zugedeckt bei ganz schwacher Hitze etwa 20 Minuten dünsten. Anschließend die Kartoffeln zerstampfen und mit dem Mehl glattrühren.

4. Die Butter zerlassen. Aus der Kartoffelmasse mit einem jeweils in die Butter getauchten Eßlöffel Nocken ausstechen.

5. Die Nocken mit der restlichen Butter übergießen. Den Mohn mit dem Puderzucker mischen und darüber streuen. Die Nocken sofort servieren.

Im Bild oben: Kartoffelnocken
Im Bild unten: Hefeknödel mit Mohn

Kartoffelnudeln

Šlejšky

Zutaten für 4 Personen:
600 g mehligkochende Kartoffeln
Salz
150 g Mehl
1 Ei
80 g Butter
100 g Mohnsamen, gemahlen
2 Eßl. Puderzucker
Für die Arbeitsfläche: Mehl

Preiswert

Pro Portion etwa:
2100 kJ/500 kcal
12 g Eiweiß · 29 g Fett
49 g Kohlenhydrate

- Zubereitungszeit: etwa 1 1/4 Stunden (davon 30 Minuten Garzeit)

1. Die Kartoffeln waschen und bei schwacher Hitze in Salzwasser in etwa 30 Minuten garen. Die Kartoffeln abgießen, pellen und noch heiß durch die Presse drücken.

2. Die Kartoffeln mit dem Mehl, dem Ei und 1 Prise Salz zu einem Teig verarbeiten.

3. In einem großen Topf reichlich Wasser mit 1 Prise Salz zum Kochen bringen.

4. Den Teig auf der bemehlten Arbeitsfläche zu daumendicken Rollen formen. Von den Rollen etwa 6 cm lange Stücke abschneiden und zu Nudeln mit spitzen Enden formen.

5. Die Kartoffelnudeln in das Salzwasser geben und bei mittlerer Hitze in etwa 5 Minuten offen garen. Herausnehmen und abtropfen lassen.

6. Die Butter in einer großen Pfanne erhitzen, den Mohn einrühren. Die Nudeln darin wenden.

7. Die Kartoffelnudeln mit dem Puderzucker bestreuen und sofort servieren.

Semmelbaba

Žemlovka

Zutaten für 4 Personen:
4 Brötchen (Semmeln) vom Vortag
3 Eier
1/4 l Milch
100 g Zucker
2 Eßlöffel Vanillinzucker
1 Prise Salz
50 g Rosinen
500 g säuerliche Äpfel (zum Beispiel Boskop)
Saft von 1/2 Zitrone
50 g Mandelblättchen
1/2 Teel. Zimtpulver
50 g kalte Butter
Für die Form: Butter

Gelingt leicht

Pro Portion etwa:
2200 kJ/520 kcal
14 g Eiweiß · 15 g Fett
83 g Kohlenhydrate

- Zubereitungszeit: etwa 1 1/4 Stunden (davon 45 Minuten Backzeit)

1. Die Brötchen in dünne Scheiben schneiden. Die Eier trennen, dabei die Eiweiße in eine hohe Rührschüssel fließen lassen und kühl stellen. Die Eigelbe mit der Milch, 50 g Zucker, dem Vanillinzucker und dem Salz verquirlen.

2. Die Rosinen waschen. Die Äpfel waschen, schälen, vierteln, von den Kerngehäusen befreien und in Scheiben schneiden. Mit dem Zitronensaft beträufeln, damit sie sich nicht verfärben.

3. Den Backofen auf 200° vorheizen. Eine Auflaufform mit Butter ausstreichen. Die Hälfte der Brötchenscheiben in die Form schichten. Die Hälfte der Eiermilch darüber gießen. Die Äpfel darauf verteilen. Die Rosinen, die Mandeln und den Zimt darüber streuen. Mit den restlichen Brötchen bedecken. Die restliche Eiermilch darüber gießen. Die Butter in kleine Stücke schneiden und auf der Oberfläche verteilen.

4. Den Auflauf im Backofen (Mitte, Gas Stufe 3) in etwa 35 Minuten goldgelb backen.

5. Die Eiweiße mit dem restlichen Zucker steif schlagen. Den Eischnee auf den Auflauf geben und bei 220° (Gas Stufe 4) noch etwa 10 Minuten backen, bis die Oberfläche leicht gebräunt ist. Den Auflauf sofort servieren.

Im Bild oben: Semmelbaba
Im Bild unten: Kartoffelnudeln

Powidl-tascherln

Povidlové taštičky

Zutaten für 4 Personen:
400 g Mehl
3 Eier
Salz
250 g Powidl (dickes Pflaumenmus)
2 Eßl. Rum
1/2 Teel. Zimtpulver
1 Eiweiß
50 g Butter
100 g Semmelbrösel
2 Eßl. Puderzucker
Für die Arbeitsfläche: Mehl

Berühmtes Rezept

Pro Portion etwa:
3200 kJ/760 kcal
16 g Eiweiß · 16 g Fett
130 g Kohlenhydrate

- Zubereitungszeit: etwa 1 1/2 Stunden (davon 30 Minuten Ruhezeit)

1. Das Mehl auf die Arbeitsfläche sieben, in die Mitte eine Mulde drücken. Die Eier und 1 Prise Salz hineingeben. Alles von außen nach innen zu einem festen glatten Teig verkneten. Wenn der Teig zu krümelig ist, ganz wenig kaltes Wasser dazugeben. Zugedeckt etwa 30 Minuten bei Zimmertemperatur ruhen lassen.

2. Den Teig auf der bemehlten Arbeitsfläche etwa 2 mm dick ausrollen. Scheiben von etwa 9 cm Durchmesser ausstechen.

3. Reichlich Wasser mit 1 Prise Salz zum Kochen bringen. Den Powidl mit dem Rum und dem Zimt verrühren. Auf jede Teigscheibe 1 Eßlöffel Powidl geben. Die Teigränder mit dem Eiweiß bestreichen. Die Scheiben zu halbmondförmigen Täschchen schließen und die Ränder fest zusammendrücken.

4. Die Teigtaschen im Salzwasser bei schwacher Hitze in etwa 10 Minuten garen.

5. Die Butter erhitzen, die Semmelbrösel darin goldgelb anbraten. Die Powidltascherln in den Semmelbröseln wenden und mit dem Puderzucker bestreuen. Dazu paßt Kompott.

Pflaumen-knödel

Švestkové knedlíky

Zutaten für 12 Knödel:
130 g Butter
Salz
160 g Mehl
1 Ei
12 Pflaumen
12 Stück Würfelzucker
100 g Semmelbrösel
2 Eßl. Puderzucker
Für die Arbeitsfläche: Mehl

Preiswert

Bei 12 Stück pro Stück etwa:
790 kJ/190 kcal
3 g Eiweiß · 10 g Fett
23 g Kohlenhydrate

- Zubereitungszeit: etwa 1 Stunde

1. Für den Brandteig 1/4 l Wasser mit 30 g Butter und 1 Prise Salz zum Kochen bringen. Das gesamte Mehl auf einmal unter Rühren hinzufügen. Bei schwächster Hitze so lange rühren, bis sich der Teig vom Topf und vom Kochlöffel löst. Den Teig etwas abkühlen lassen und das Ei einkneten.

2. Die Pflaumen waschen, trockentupfen und entsteinen. In jede Pflaume statt des Steins 1 Stück Würfelzucker geben. In einem großen Topf reichlich Wasser zum Kochen bringen und salzen.

3. Den Teig auf der bemehlten Arbeitsfläche zu einer Rolle von etwa 5 cm Durchmesser formen. Die Teigrolle in 12 Scheiben schneiden. Die Scheiben flachdrücken und auf jede 1 Pflaume setzen. Den Teig jeweils um die Pflaumen hüllen und zu Knödeln formen.

4. Die Knödel in dem Salzwasser bei schwacher Hitze in etwa 8 Minuten garen. Herausnehmen und abtropfen lassen.

5. Die restliche Butter erhitzen, die Semmelbrösel darin goldgelb anbraten. Die Pflaumenknödel in den Semmelbröseln wenden und mit dem Puderzucker bestäuben.

Bild oben: Powidltascherln
Bild unten: Pflaumenknödel

Egerländer Klecksel-kuchen

Chebský koláč

Zutaten für 1 Backblech:

Für den Teig:
500 g Mehl
1 Würfel Hefe (42 g)
80 g Zucker
1/4 l lauwarme Milch
100 g Butter
1 zimmerwarmes Ei
1 Prise Salz

Für den Mohnbelag:
1/4 l Milch
1 Prise Salz
abgeriebene Schale von 1/2 unbehandelten Zitrone
50 g Grieß
200 g Mohnsamen, gemahlen
50 g Zucker
1 Prise Zimtpulver

Für den Quarkbelag:
250 g Quark (20 % Fett i. Tr.)
2 Eigelb
80 g Zucker
2 Eßl. Vanillinzucker

Für den Powidlbelag:
250 g Powidl (dickes Pflaumenmus)
2 Eßl. Rum

Für die Streusel:
100 g Butter
100 g Mehl
100 g Zucker
2 Eßl. Vanillinzucker

Für die Arbeitsfläche: Mehl
Für das Blech: Butter

Berühmtes Rezept

Bei 20 Stück pro Stück etwa:
1500 kJ/360 kcal
8 g Eiweiß · 15 g Fett
47 g Kohlenhydrate

- Zubereitungszeit: etwa 2 1/2 Stunden (davon 1 Stunde Ruhezeit und 35 Minuten Backzeit)

1. Das Mehl in eine große Schüssel sieben, in die Mitte eine Mulde drücken. Die Hefe zerbröckeln und in der Mulde mit 1 Teelöffel Zucker, 2 Eßlöffeln Milch und etwas Mehl vom Rand verrühren. Etwas Mehl darüber stäuben.

2. Den Vorteig zugedeckt etwa 15 Minuten an einem warmen Ort gehen lassen, bis das Mehl Sprünge zeigt.

3. Die Butter in der restlichen Milch zerlassen und mit dem restlichen Zucker, dem Ei und dem Salz zum Vorteig geben. Mit dem Mehl daraus einen glatten Teig kneten, der sich vom Schüsselrand löst. Wenn nötig, noch etwas Milch dazugießen. Den Teig zugedeckt etwa 30 Minuten an einem warmen Ort gehen lassen.

4. Inzwischen für den Mohnbelag die Milch mit dem Salz und der Zitronenschale zum Kochen bringen. Den Grieß einrieseln lassen. Den Topf von der Herdplatte nehmen und den Mohn, den Zucker und das Zimtpulver einrühren.

5. Für den Quarkbelag den Quark mit den Eigelben, dem Zucker und dem Vanillinzucker verrühren.

6. Für den Powidlbelag den Powidl mit dem Rum glattrühren.

7. Für die Streusel die Butter zerlassen. Das Mehl mit dem Zucker und dem Vanillinzucker mischen. Die Butter darüber träufeln und alles mit einer Gabel zu Streuseln vermischen.

8. Das Backblech mit Butter bestreichen. Den Backofen auf 200° vorheizen. Den Hefeteig auf der bemehlten Arbeitsfläche ausrollen und auf das Backblech legen. Den Mohnbelag gleichmäßig darauf verteilen. Den Quarkbelag und den Powidl abwechselnd in kleinen Klecksen daraufgeben. Die Streusel darüber streuen. Den Kuchen nochmals etwa 15 Minuten gehen lassen.

9. Den Kuchen im Backofen (Mitte, Gas Stufe 3) in etwa 35 Minuten backen. Auf dem Blech auskühlen lassen und in Stücke schneiden.

Schmeckt's mehr nach Powidl oder mehr nach Mohn? Beim Kleckselkuchen ist jeder Happen eine Überraschung.

Weihnachts-striezel

Vánočka

Zutaten für 1 großen Striezel (etwa 30 Stück):
100 g Rosinen
100 g Mandeln, gehackt
100 g Zitronat, gehackt
50 g Orangeat, gehackt
3 Eßl. Rum
1 kg Mehl
2 Würfel Hefe (84 g)
100 g Zucker
3/8 l lauwarme Milch
250 g weiche Butter
2 Eßl. Vanillinzucker
4 Eigelb
1 Prise Salz
abgeriebene Schale von 1 unbehandelten Zitrone
Für die Arbeitsfläche: Mehl
Für das Blech: Butter
Zum Bestreichen und Bestäuben:
2 Eigelb
1 Eßl. Kondensmilch (7,5 %)
50 g Mandelblättchen

Läßt sich gut vorbereiten

Bei 30 Stück pro Stück etwa:
1100 kJ/260 kcal
4 g Eiweiß · 13 g Fett
38 g Kohlenhydrate

- Zubereitungszeit: etwa 3 1/4 Stunden (davon 1 1/4 Stunden Ruhezeit und 1 1/4 Stunden Backzeit)

1. Die Rosinen waschen und trockentupfen. Mit den Mandeln, dem Zitronat, dem Orangeat und dem Rum mischen, zugedeckt beiseite stellen.

2. Das Mehl in eine große Schüssel sieben, in die Mitte eine Mulde drücken. Die Hefe zerbröckeln und in der Mulde mit 1 Eßlöffel Zucker, 2 Eßlöffeln Milch und etwas Mehl vom Rand verrühren, bis sie sich aufgelöst hat. Etwas Mehl vom Rand darüber stäuben.

3. Den Vorteig zugedeckt etwa 15 Minuten an einem warmen Ort gehen lassen, bis das Mehl deutliche Sprünge zeigt.

4. Die Butter mit dem restlichen Zucker und dem Vanillinzucker schaumig rühren. Die Eigelbe, das Salz und die Zitronenschale unterrühren.

5. Die Buttermasse mit der restlichen Milch zum Vorteig geben. Mit dem Mehl daraus einen mittelfesten Teig kneten. Wenn nötig, noch etwas Milch dazugießen. Den Teig zugedeckt etwa 30 Minuten an einem warmen Ort gehen lassen.

6. Die Früchtemischung rasch unterkneten. Den Teig auf einer bemehlten Arbeitsfläche in neun gleich große Stücke teilen. Aus jedem Teigstück eine etwa 25 cm lange Rolle formen. Jeweils vier, drei und zwei Stränge miteinander verflechten.

7. Ein Backblech mit Butter bestreichen. Die geflochtenen Teigstränge aufeinander legen, den Viererzopf unten, darauf den Dreierzopf und oben den Zweierzopf. Die Enden etwas andrücken. Den Striezel nochmals etwa 30 Minuten gehen lassen.

8. Den Backofen auf 190° vorheizen.

9. Die Eigelbe mit der Kondensmilch verquirlen und den Striezel damit bestreichen.

10. Den Striezel im Backofen (unten, Gas Stufe 3) in etwa 1 1/4 Stunden goldgelb backen.

11. Die Mandelblättchen in einer trockenen Pfanne rösten und den Striezel damit bestreuen.

Tip!

Der Weihnachtsstriezel entfaltet sein volles Aroma erst nach etwa 2 Wochen und kann etwa 4 Wochen aufbewahrt werden.

Sieht schön aus und schmeckt vorzüglich: der Weihnachtsstriezel.

Mohntorte

Makový dort

Zutaten für 1 Springform von
24 cm Ø:
5 Eier
150 g Butter
150 g Puderzucker
1 Teel. Vanillinzucker
50 g Zitronat, fein gehackt
150 g Mohnsamen, gemahlen
1 Prise Salz
250 g Johannisbeerkonfitüre
Für die Glasur:
250 g Puderzucker
1 Eßl. Zitronensaft
Für die Form:
Butter
2 Eßl. Semmelbrösel

Raffiniert

Bei 12 Stück etwa:
1600 kJ/380 kcal
5 g Eiweiß · 21 g Fett
51 g Kohlenhydrate

- Zubereitungszeit: etwa 2 Stunden (davon 50 Minuten Backzeit)

1. Die Eier trennen. Die Butter mit den Eigelben, dem Puderzucker und dem Vanillinzucker schaumig rühren. Das Zitronat und den Mohn unterrühren. Die Eiweiße mit dem Salz steif schlagen und vorsichtig unterziehen.

2. Den Backofen auf 190° vorheizen. Eine Springform mit Butter ausstreichen und mit den Semmelbröseln ausstreuen. Den Teig in die Form füllen, glattstreichen und im Backofen (Mitte, Gas Stufe 3) in etwa 50 Minuten backen.

3. Die Torte in der Form auskühlen lassen, danach auf eine Platte stürzen und einmal waagerecht durchschneiden. Auf die untere Hälfte etwa zwei Drittel der Konfitüre streichen. Die restliche Konfitüre erhitzen und die Oberfläche der Torte damit dünn bestreichen.

4. Für die Glasur den Puderzucker mit dem Zitronensaft und etwa 2 Eßlöffeln kochendheißem Wasser glattrühren. Die Torte damit gleichmäßig überziehen. Die Mohntorte kann etwa 1 Woche aufbewahrt werden.

Prager Nußtorte

Pražský oříškový dort

Zutaten für 1 Springform von 26 cm Ø:

Für den Teig:
6 Eier
200 g Zucker
200 g Walnüsse, gemahlen
1 Eßl. Mehl
1 Eßl. Semmelbrösel
1 Prise Salz

Für die Creme:
250 g Sahne
2 Eßl. Vanillinzucker
2 Eßl. Walnüsse, gemahlen

Für die Glasur:
150 g Puderzucker
1 Eßl. Rum

Zum Garnieren:
12 halbe Walnüsse

Für die Form:
Butter
2 Eßl. Semmelbrösel

Berühmtes Rezept

Bei 12 Stück pro Stück etwa:
1700 kJ/400 kcal
8 g Eiweiß · 25 g Fett
36 g Kohlenhydrate

- Zubereitungszeit: etwa 1 1/4 Stunden (davon 35 Minuten Backzeit)
- Ruhezeit: 24 Stunden

1. Die Springform mit Butter ausstreichen und mit den Semmelbröseln ausstreuen. Den Backofen auf 180° vorheizen. Die Eier trennen. Die Eigelbe mit dem Zucker verrühren. Nach und nach die Nüsse, das Mehl und die Semmelbrösel hinzufügen. Die Eiweiße mit dem Salz steif schlagen und unterziehen.

2. Den Teig in die Form füllen, glattstreichen und im Backofen (Mitte, Gas Stufe 2) in etwa 35 Minuten backen. Die Torte in der Form auskühlen lassen, auf eine Platte stürzen und etwa 24 Stunden ruhen lassen.

3. Für die Creme die Sahne mit dem Vanillinzucker steif schlagen. Kurz vor dem Steifwerden die Nüsse einstreuen. Die Torte einmal waagerecht durchschneiden. Die Creme auf der unteren Hälfte verstreichen. Die obere Hälfte darauf setzen.

4. Für die Glasur den Puderzucker mit 3 Eßlöffeln heißem Wasser und dem Rum glattrühren. Die Torte gleichmäßig mit der Glasur überziehen. Jedes Tortenstück mit einer Walnußhälfte verzieren.

Kolatschen

Koláče

Zutaten für etwa 15 Stück:
Für den Teig:
500 g Mehl
1 Würfel Hefe (42 g)
80 g Zucker
1/4 l lauwarme Milch
100 g Butter
1 Prise Salz
abgeriebene Schale von 1/2 unbehandelten Zitrone
2 Eier
Für den Mohnbelag:
1/4 l Milch
250 g Mohnsamen, gemahlen
80 g Zucker
1 Eßl. Semmelbrösel
Für den Quarkbelag:
2 Eier
250 g Quark (20 % Fett i. Tr.)
50 g Butter
120 g Zucker
1 Eßl. Speisestärke
1 Eßl. Zitronensaft
250 g Powidl (dickes Pflaumenmus)
Zum Bestreichen: 1 Eigelb
Für die Arbeitsfläche: Mehl
Für das Blech: Butter

Berühmtes Rezept

Bei 15 Stück pro Stück etwa:
1900 kJ/450 kcal
11 g Eiweiß · 19 g Fett
59 g Kohlenhydrate

- Zubereitungszeit: etwa 2 Stunden (davon 20 Minuten Backzeit)

1. Das Mehl in eine große Schüssel sieben, in die Mitte eine Mulde drücken. Die Hefe zerbröckeln und in der Mulde mit 1 Teelöffel Zucker, 2 Eßlöffeln Milch und etwas Mehl vom Rand verrühren, bis sie sich aufgelöst hat. Etwas Mehl darüber stäuben.

2. Den Vorteig zugedeckt etwa 15 Minuten an einem warmen Ort gehen lassen, bis das Mehl deutliche Sprünge zeigt.

3. Die Butter in der restlichen Milch zerlassen und mit dem restlichen Zucker, dem Salz, der Zitronenschale und den Eiern zum Vorteig geben. Mit dem Mehl daraus einen glatten Teig kneten, der sich vom Schüsselrand löst. Wenn nötig, noch etwas Milch dazugießen. Den Teig zugedeckt etwa 30 Minuten an einem warmen Ort gehen lassen.

4. Inzwischen für den Mohnbelag die Milch mit dem Mohnsamen, dem Zucker und den Semmelbröseln einmal aufkochen lassen.

5. Für den Quarkbelag die Eier trennen, dabei die Eiweiße in eine hohe Rührschüssel fließen lassen. Den Quark mit der Butter, dem Zucker, den Eigelben, der Speisestärke und dem Zitronensaft verrühren. Die Eiweiße steif schlagen und unterheben.

6. Den Hefeteig in etwa 15 Stücke teilen. Die Hefestücke auf der bemehlten Arbeitsfläche zu Kugeln formen, diese mit dem Handballen von innen nach außen flachdrücken, so daß ein wulstiger Rand entsteht und die Kolatschen etwa 12 cm Durchmesser haben.

7. Ein Backblech mit Butter bestreichen und die Kolatschen darauf legen. Das Eigelb verquirlen und die Ränder der Kolatschen damit bestreichen. Mit einem Teelöffel je vier Häufchen von dem Mohn- und dem Quarkbelag auf die Kolatschen verteilen und in die Mitte jeweils 1 Eßlöffel Powidl geben.

8. Den Backofen auf 200° vorheizen. Die Kolatschen auf dem Blech noch etwa 10 Minuten gehen lassen.

9. Die Kolatschen im Backofen (Mitte, Gas Stufe 3) in etwa 20 Minuten goldbraun backen und noch am selben Tag servieren.

Variante:
Tauser Kolatschen
Den Hefeteig wie oben beschrieben zubereiten und 2 große Kolatschen daraus formen. Den Mohnbelag, den Quarkbelag und den Powidl abwechselnd kreisförmig auf den Kolatschen verteilen. Den Mohnbelag noch zusätzlich mit 50 g geschälten Mandelhälften verzieren. Die fertigen Kolatschen wie Torten in Stücke schneiden.

Ob klein oder groß – ganz frisch schmecken die Kolatschen am besten.

Gottes Gnaden

Boží milosti

Das köstliche Gebäck kann auch warm, zum Beispiel mit Erdbeersauce, serviert werden.

Zutaten für etwa 25 Stück:
250 g Mehl
1/2 Teel. Backpulver
4 Eigelb
2 Eßl. saure Sahne
2 Eßl. Rum
1 Prise Salz
1 Eiweiß
100 g Himbeer- oder Johannisbeerkonfitüre
Für die Arbeitsfläche: Mehl
Zum Ausbacken: 250 g Butterschmalz oder Pflanzenfett
Zum Bestäuben: Puderzucker

Raffiniert

Bei 25 Stück pro Stück etwa:
590 kJ/140 kcal
1 g Eiweiß · 10 g Fett
10 g Kohlenhydrate

- Zubereitungszeit: etwa 2 Stunden (davon 1 Stunde Ruhezeit)

1. Das Mehl mit dem Backpulver mischen und auf die Arbeitsfläche sieben. In die Mitte eine Mulde drücken. Die Eigelbe, die saure Sahne, den Rum und das Salz in die Mulde geben. Alle Zutaten rasch zu einem glatten Teig verkneten. Den Teig zugedeckt etwa 1 Stunde kühl stellen.

2. Den Teig auf der bemehlten Arbeitsfläche etwa 2 mm dick ausrollen. Blüten in zwei verschiedenen Größen ausstechen. Das Eiweiß verquirlen und jeweils 2 verschiedene Blüten damit versetzt zusammenkleben. Mit einem Kochlöffelstiel in die Mitte jeweils eine kleine Mulde drücken.

3. Das Butterschmalz oder das Pflanzenfett in einer tiefen Pfanne erhitzen. Die Blüten darin bei mittlerer Hitze in etwa 5 Minuten goldgelb backen.

4. Die Blüten auskühlen lassen und mit Puderzucker bestäuben. Die Konfitüre in die Vertiefungen füllen. Das Gebäck möglichst frisch servieren.

Bärentatzen

Medvědí tlapičky

Dieses zarte Weihnachtsgebäck aus dem Böhmerwald hat seinen Namen von der speziellen Form, in die es vor dem Backen gepreßt wird. Sie können den Teig aber auch ausrollen und beliebig ausstechen.

Zutaten für etwa 30 Stück:
300 g Mehl
150 g Zucker
100 g Haselnüsse, gemahlen (ersatzweise Walnüsse)
50 g Kakaopulver
2 Eigelb
abgeriebene Schale von 1/2 unbehandelten Zitrone
1 Prise Salz
1 Prise Nelkenpulver
1 Prise Zimtpulver
200 g kalte Butter
Für das Blech: Butter
Für die Form: Zucker

Läßt sich gut vorbereiten

Bei 30 Stück pro Stück etwa:
560 kJ/130 kcal
2 g Eiweiß · 8 g Fett
14 g Kohlenhydrate

- Zubereitungszeit: etwa 1 Stunde (davon 15 Minuten Backzeit)
- Ruhezeit: 1 Stunde

1. Das Mehl auf die Arbeitsfläche sieben, in die Mitte eine Mulde drücken. Den Zucker, die Nüsse, das Kakaopulver, die Eigelbe, die Zitronenschale, das Salz, das Nelken- und das Zimtpulver hineingeben. Die Butter in kleine Stücke schneiden und auf dem Mehlrand verteilen.

2. Alle Zutaten von außen nach innen rasch zu einem glatten Teig verkneten. Den Teig zugedeckt etwa 1 Stunde kühl stellen. Ein Backblech mit Butter ausstreichen. Den Backofen auf 190° vorheizen.

3. Eine Bärentatzenform mit Zucker ausstreuen. Etwa 1 Eßlöffel von dem Teig hineindrücken und glattstreichen, dabei den überstehenden Teig wegnehmen. Die Bärentatze aus der Form klopfen und auf das Backblech legen. So fortfahren, bis der gesamte Teig aufgebraucht ist.

4. Die Bärentatzen im Backofen (Mitte, Gas Stufe 3) in etwa 15 Minuten backen. Noch warm vom Blech lösen und auf einem Kuchengitter auskühlen lassen. Das Gebäck ist etwa 4 Wochen haltbar.

Finger-kolatschen

Koláčky s jamkou

Zutaten für etwa 40 Stück:
150 g Mehl
150 g Mandeln, gemahlen
100 g Puderzucker
2 Eßl. Vanillinzucker
1 Prise Salz
2 Eigelb
100 g kalte Butter
2 Eßl. Puderzucker
120 g Himbeerkonfitüre
Für die Arbeitsfläche: Mehl
Für das Blech: Butter

Gelingt leicht

Bei 40 Stück pro Stück etwa:
320 kJ/76 kcal
1 g Eiweiß · 4 g Fett
9 g Kohlenhydrate

- Zubereitungszeit: etwa 1 1/2 Stunden (davon 30 Minuten Ruhezeit)

1. Das Mehl auf die Arbeitsfläche sieben, in die Mitte eine Mulde drücken und die Mandeln, den Puderzucker, den Vanillinzucker, das Salz und die Eigelbe hineingeben. Die Butter in kleine Stücke schneiden und auf dem Mehlrand verteilen. Alle Zutaten rasch zu einem glatten Teig verkneten. Den Teig zugedeckt etwa 30 Minuten kühl stellen.

2. Den Teig auf der bemehlten Arbeitsfläche zu Rollen von etwa 2 cm Durchmesser formen, in fingerlange Stücke schneiden und zu Kugeln rollen.

3. Den Backofen auf 200° vorheizen. Ein Backblech mit Butter bestreichen.

4. Die Teigkugeln auf das Backblech legen und etwas flachdrücken. Mit dem Finger in die Mitte jedes Teigstückes eine leichte Vertiefung drücken.

5. Die Kolatschen im Backofen (Mitte, Gas Stufe 3) in etwa 15 Minuten goldgelb backen. Noch warm vom Backblech lösen und etwa 10 Minuten auf einem Kuchengitter auskühlen lassen, dann mit dem Puderzucker bestäuben. Die Konfitüre in die Vertiefungen füllen.

6. Das Gebäck ist etwa 4 Wochen haltbar.

Karlsbader Ringe

Karlovarské věnečky

Zutaten für etwa 40 Stück:
4 Eier
80 g Puderzucker
200 g Butter
300 g Mehl
2 Eßl. Vanillinzucker
1 Prise Salz
abgeriebene Schale von 1/2 unbehandelten Zitrone
1 Eigelb
60 g Hagelzucker
Für die Arbeitsfläche: Mehl

Läßt sich gut vorbereiten

Bei 40 Stück pro Stück etwa:
370 kJ/88 kcal
1 g Eiweiß · 5 g Fett
10 g Kohlenhydrate

- Zubereitungszeit: etwa 45 Minuten
- Ruhezeit: 1 Stunde

1. Die Eier in etwa 10 Minuten hart kochen, kalt abschrecken und schälen. Die Eigelbe durch ein feines Sieb streichen und mit dem Puderzucker und der Butter schaumig rühren. Die Eiweiße werden für dieses Rezept nicht benötigt.

2. Das Mehl, den Vanillinzucker, das Salz und die Zitronenschale hinzufügen und alles zu einem glatten Teig verkneten. Den Teig zugedeckt etwa 1 Stunde kühl stellen.

3. Den Backofen auf 190° vorheizen. Den Teig auf der bemehlten Arbeitsfläche etwa 3 mm dick ausrollen. Mit einer gewellten Form Ringe von etwa 5 cm Außen- und etwa 4 cm Innendurchmesser ausstechen.

4. Die Ringe mit dem Eigelb bestreichen und mit dem Hagelzucker bestreuen. Auf ein trockenes Backblech setzen.

5. Die Teigringe im Backofen (Mitte, Gas Stufe 3) in etwa 15 Minuten goldgelb backen. Das Gebäck kann bis zu 4 Wochen aufbewahrt werden.

Im Bild oben: Fingerkolatschen
Im Bild unten: Karlsbader Ringe

REZEPT- UND SACHREGISTER

Zum Gebrauch
Damit Sie Rezepte mit bestimmten Zutaten noch schneller finden können, stehen in diesem Register zusätzlich auch beliebte Zutaten wie Kartoffeln und Powidl – ebenfalls alphabetisch geordnet und halbfett gedruckt – über den entsprechenden Rezepten.

IMPRESSUM

Umschlag-Vorderseite:
Die Rezepte für den Lendenbraten und den Serviettenknödel finden Sie auf Seite 18.

Redaktion: Constanze Hub
Layout: Ludwig Kaiser
Typografie: Robert Gigler
Herstellung: Peter Pleischl
Fotos: Odette Teubner, Dorothee Gödert, Anna Neumann (Seiten 4, 6, 7)
Umschlaggestaltung: Heinz Kraxenberger
Satz: Computersatz, Wirth Regensburg
Reproduktion: Artilitho, Trento
Druck: Appl, Wemding
Bindung: Sellier, Freising
ISBN 3-7742-1531-6

Auflage 5 4 3 2
Jahr 98 97 96 95

Adelheid Beyreder
stammt aus der Steiermark. Heute lebt sie in Wien, wo sie seit vielen Jahren eine Buchhandlung leitet. Neben Beruf und Haushalt machte sie das Abitur und studierte Rechtswissenschaft. Am liebsten widmet sie sich ihren Hobbys, dem Reisen und dem Kochen. Adelheid Beyreder sammelt mit Begeisterung Rezepte und erfindet selbst immer wieder neue Gerichte.

Odette Teubner
wurde durch ihren Vater, den international bekannten Food-Fotografen Christian Teubner, ausgebildet. Anschließend widmete sie sich einige Monate der Modefotografie. Heute arbeitet sie ausschließlich im Studio für Lebensmittelfotografie Teubner. In ihrer Freizeit ist sie begeisterte Kinderporträtistin – mit dem eigenen Sohn als Modell.

Dorothee Gödert
arbeitete nach ihrer Ausbildung zur Fotografin zunächst im Bereich Stillife- und Interieurfotografie. Nach einem Aufenthalt in Princeton/USA spezialisierte sie sich auf Food-Fotografie. Sie war bei namhaften Food-Fotografen tätig. Seit April 1988 fotografiert sie im Fotostudio Teubner.